保育カウンセリング

ここからはじまる保育カウンセラーへの道

藤後悦子 編著
Togo Etsuko

ナカニシヤ出版

まえがき

　筆者が，保育カウンセリングに興味を持ち始めたのは，大学院時代に「保育現場の育児支援」に関する研究を行ったことからです。当時26歳の筆者は，2番目の子どもを出産し，保育園に子どもを預けながら大学院での研究を続けていました。2人の子どもを育てながら，修士論文を書くことは，一見大変そうですが，筆者にとっては大学を1年休学して育児に専念した長女の子育ての方が大変でした。休学中も週2日の仕事をしていたのですが，保育園は利用しておらず，いわゆる専業主婦に近い状態でした。休学中の子育ては，思った以上に孤独感が強く，「子育て不安」を身近に感じることとなりました。

　当時，子育て相談ができる場所としては，児童相談所が有名でしたが，もっと日常的な場所で，子育て相談ができないものかと思うようになりました。たまたま母親が，臨床心理士として保育園の園長をしていたことから，子育て支援の一環として保育現場で親子面接を行ってみることとしました。週1回のペースで実施した親子面接の効果は目をみはるものであり，この時から，保育カウンセラーの有効性を強く認識するようになりました。しかし，当時はまだスクールカウンセリング事業が文部科学省の調査委託としてスタートしたばかりであり，保育現場に保育カウンセラーを配置することは，実現不可能だと思われました。

　そう思っていた矢先，2000年に立教大学の箕口雅博先生から，箕口先生が理事をなさっている保育園が無認可から認可園に移行するにあたり，保育カウンセラー設置を予定しているというお話をいただきました。この保育園は，理事の方に学識経験者が多く，また園長が心理学部を卒業されていたことから，心理職への理解が深く，保育カウンセラー配置が検討されたそうです。幸運にもこのようなお話をいただき，2000年から筆者の保育カウンセラーとしてのキャリアがスタートしました。現在では，日本臨床心理士会でも保育臨床心理士専門委員会が立ち上がり，ようやく保育カウンセラーの重要性が社会的にも認識

されるようになりました。

　また筆者自身大学で保育者や心理職を養成する立場となった今，保育カウンセラー普及のために，何か役に立ちたいという思いを強く抱くようになりました。幸運にも宍倉由高様，山本あかね様との出会いから今回の出版のお話をいただき，また第一線で御活躍する先生方の御協力を得ることができ，この本を完成することができました。この本を通じて，ぜひ一人でも多くの方が，保育カウンセリングの魅力に出会い，保育カウンセラーとして世の中に飛び立っていただくことを願っております。

目 次

まえがき　*i*

序　章　今なぜ保育カウンセリングが求められるのか ………… *1*

第1章　保育カウンセリング ……… *5*
　1．保育カウンセリングの基礎理論　*5*
　2．保育カウンセリングの概要　*24*

第2章　現在の家族が置かれている状況 ……… *43*
　1．子育ての現状　*43*
　2．子育てが大変な理由とは　*44*
　3．子どもへの過剰なエネルギー　*50*
　4．子育ての難しさを乗り越えて　*50*
　5．家族の成長を目指した保育現場の活用　*52*

第3章　現在の子どもが置かれている状況 ……… *57*
　1．子どもに関係する政策の移り変わり　*57*
　2．現代社会と子どもたち　*60*
　3．子どもの生活環境　*62*
　4．子どもたちの心と体　*66*

第4章　家族の病理と家族支援 ……… *71*
　1．家族問題の特殊性について　*71*
　2．家族の抱える疾患と病理を理解する　*74*
　3．家族支援の考え方　*86*

第5章　子どもの発達と支援 …… 91
1．はじめに　*91*
2．ことばの前提条件　*92*
3．ことばの土台づくり　*96*
4．子どもの気持ちに沿った豊かなことばかけ，働きかけ（1）　*100*
5．子どもの気持ちに沿った豊かなことばかけ，働きかけ（2）　*105*
6．発達とは　*109*

第6章　危機介入 …… 115
1．危機介入とは　*115*
2．虐待の種類とその対応　*116*
3．保育園で起こりうる危機とその対応　*122*

第7章　支援者としての自己理解 …… 127
1．支援者の家族観と子育て観が与える影響　*127*
2．保育カウンセラーにおける自己理解　*135*

第8章　保育者のメンタルヘルスへのサポート …… 143
1．保育者のメンタルヘルスへの保育カウンセラーの役割　*143*
2．保育現場のメンタルヘルスの現状　*146*
3．保育者のストレス発生メカニズム　*147*
4．保育カウンセラーによる実践　*149*

第9章　保育カウンセラーの法律基礎知識 …… 155
1．保育現場の法状況　*155*
2．非常勤職員は安心して働くことができるのか　*159*
3．保育カウンセラーが関係する法律的問題　*164*
4．善き法律家は悪しき隣人なのか　*186*

索　引　*193*

トピック

1 遊戯療法　14
2 ジェノグラムの書き方　21
3 記録の書き方と保管　23
4 保育現場は，どのような支援を求めている？　26
5 保育カウンセリングにおけるアセスメント　28
6 絵からのメッセージ　32
7 「気になる保護者」ってどんな保護者？　36
8 ダウン症児のことばの遅れの保育相談　42
9 つなぐ・つなげる・支援の輪──子育て支援センターでの事例から──　49
10 親の子育てへの消極的感情　52
11 保育園や幼稚園での子育て支援──保育カウンセラーが活躍できる場面を考えてみよう──　55
12 子育て支援ネットワークと子育て支援マップの作成　59
13 子どもと自然──冒険学校のブログより──　67
14 保育現場の「気になる保護者」は何歳児に多い？　74
15 園内研修における保育カウンセラーの役割──事例検討会の開催──　89
16 乳幼児健康診査　113
17 保育現場から虐待を通報する場合　121
18 箱庭療法　125
19 自らの「子ども観」を振り返る　134
20 保育現場が健康であるために　153
21 保育カウンセラーの倫理　158
22 保育カウンセラーが知っておくと便利な無料相談　185

序章
今なぜ保育カウンセリングか求められるのか

藤後悦子

　みなさん，保育カウンセリングや保育カウンセラーということばを聞いたことがありますか？　保育カウンセリングとは，まだまだ新しい分野ですが，保育カウンセリングの原点となる乳幼児や親を対象とした発達相談や子育て相談は，戦後すぐから保健所や児童相談所などで行われてきました。保育カウンセリングは，現在，臨床心理士会でも保育臨床心理士専門委員会が立ちあがるほど，ニーズの高い分野となっており，今後の発展が期待されます。

　さて，保育カウンセリングという言葉ですが，これには通常2つの意味があります。1つは心理学を専門とする保育カウンセラーが保育現場で心理臨床活動を行うという意味と，もう1つは，保育者がカウンセリングマインドをもって子どもや家族の理解をより深めていくという意味です。本書は，前者の臨床心理学的な保育カウンセリングに焦点をあて，保育カウンセラーを担っていく心理職の養成に狙いを定めたテキストとしました。

　なぜ，心理職による保育カウンセリングに焦点をあてたかというと，その理由は，3つあります。

　第一の理由は，いわゆる対応に難しい親が増えているためです。特に保育現場の機能として子育て支援が求められるようになってきた昨今，親自身の問題に保育者が巻き込まれることが多くなってきています。だからこそあえて，保育カウンセラーによる心理臨床活動と保育者による子育て支援活動とは，分けて考えた方が安全であると考えました。

　次に第二の理由は，発達障害の子どもへの個別支援が，より早期から必要となっているためです。近年，発達に問題がある子どもの早期発見，早期療育が重視されるようになりました。このことは，子どもの状態を正確にアセスメン

トし，保育の中で療育的な工夫が求められていることを意味します。子どもの状態をアセスメントするためには，行動観察や情報収集に加え認知的特性や発達のバランスを把握するための発達検査や知能検査の実施が重要となります。このような発達検査や知能検査の実施は，心理職としての保育カウンセラーの専門領域であるのです。

また，発達障害の子どもへの支援と同様に重視されることは，障害を抱えた子どもの親への支援です。乳幼児期に，子どもの発達の問題が発見されるということは，親にとってみると早い時期に子どもの問題と直面せざるをえないことを意味するのです。親は，とまどい，苦しみ，否認，抵抗などのいいようのない気持ちの揺れを経て，徐々に子どもの障害受容が可能となっていきます。このような親の心の揺れを支えるためには，保育者とは違う立場である保育カウンセラーが重要な役割を担う場合が多いのです。

最後に第三の理由は，危機介入や他機関との連携がより多く必要となってきているためです。保育現場では，児童虐待やDVの発見，乳幼児突然死や子どもの事故，火事や地震などの災害というさまざまな危機が想定されます。このような危機が起こった時に，保育者とは異なる第三者としての保育カウンセラーがいることで，目の前の状況に対して冷静に対応することができるのです。特に危機的な状況では，子どもの様子や保育者の様子をアセスメントして，他機関と情報交換を行ったり，保育者を支えたりする役割を保育カウンセラーは担います。

以上より，本書ではあえて，心理臨床活動としての保育カウンセリングにこだわり内容を構成しました。

第1章では，はじめに保育カウンセリングの最も基本となる，カウンセリングの理論や技法について説明し，続いて保育カウンセリングの概要をまとめました。保育カウンセリングの基礎理論については，コミュニティ心理学を専門とし，筆者が勤める保育園の理事である立教大学の箕口雅博先生にお願いしました。続く，保育カウンセリングの概要については，筆者が担当しました。

第2章の現在の家族が置かれている状況は筆者が担当しました。保育カウンセラーを目指す方は，家族や子どもをとりまく社会状況を理解しておく必要があります。

第3章の現在の子どもが置かれている状況は，東京家政学院大学の柳瀬洋美先生にお願いしました。柳瀬先生は臨床心理士としてスクールカウンセラーや療育センターでのご経験があり，現在は，大学で保育者養成を行いながら週に1回，子育て支援センターでの相談活動を行っています。

　第4章の家族の病理と家族支援については，精神科医の春日武彦先生にごお願いしました。春日先生は，障害児の家族支援に積極的にかかわってこられており，精神科医としての豊富なご経験に裏打ちされたご本も数多く執筆されています。保育現場で出会う家族の問題に対して，どのように対応していけばよいかという，まさに「知りたかったことがわかる」内容となっています。

　第5章の子どもの発達と支援は，保育現場で最も求められる内容であり，これを臨床心理士，臨床発達心理士，言語聴覚士，保育士，幼稚園教諭などの資格を有する伊藤恵子先生にお願いしました。伊藤先生は，発達障害に関する支援や研究を主に行っており，保育カウンセラーが必要とする専門的知識をとてもわかりやすく説明してくださいました。

　第6章の危機介入については，臨床心理士の竹内貞一先生にお願いしました。竹内先生は，スクールカウンセラーとしてのご経験があり，また長年の病院臨床の中で多くの子どもたちや家族と向き合ってこられました。保育現場で起こる虐待やさまざまな危機に対して，保育カウンセラーとして何に留意し，行動していくことが望ましいのかを具体的に説明していただきました。

　第7章の支援者としての自己理解については，前半を筆者が担当し，後半を臨床心理士の山極和佳先生にお願いしました。保育カウンセリングでは，保育カウンセラー自身の家族観や子育て観を意識しておく必要があります。また，保育カウンセラーとしての自己理解は，カウンセラーが自己中心的な支援に陥らないための重要な作業です。

　第8章の保育者のメンタルヘルスへのサポートは，筆者が担当しました。保育者の働く環境は年々厳しくなっていますが，保育者のメンタルヘルスに対するサポートは決して整っているとはいえない現状です。通常保育カウンセラーは，保育者自身の個人的悩みについては取り扱いません。しかし，保育者のメンタルヘルスへの支援が皆無に近い現状の中，保育カウンセリングの枠組みを守りながら，保育カウンセラーとして，どのような役割を担うことができるか

考えていく必要があるのです。

　最後に第9章の保育カウンセラーの法律基礎知識は，法学を専門とする小田桐忍先生にお願いしました。保育カウンセラーとして知っておくと便利な子どもや保育現場をとりまく法律，そうした法律を理解するために必要な法哲学，保育カウンセラーがかかわる可能性があるいくつかの法的事案をめぐる基礎的知識について説明していただきました。

　以上が本書の主な構成です。今までの保育カウンセリングに関する本は，子育てに伴う家族観，家族援助，保育者のメンタルヘルス，保育現場をとりまく法律などを包括的に取り扱った内容は少ないように思えます。本書は，保育カウンセラーとして勤務する筆者が，日頃必要だと感じている内容をもれなくカバーしました。さらにトピックとして，保育カウンセリングが展開されている保育現場以外の様子や保育カウンセラーが知っておくと活用できる内容を紹介しました。トピックにご協力いただいた先生方は，東京未来大学の府川昭世教授（臨床心理士，言語聴覚士），田中マユミ教授（臨床発達心理士），坪井寿子講師（臨床発達心理士），冒険学校校長の大場満郎氏（冒険家），あかね雲行政書士事務所所長の藤後淳一氏（行政書士），杉の実保育園の岡本大氏（保育士）の皆様方です。

　このように本書は，各分野の実践を伴った専門家によってわかりやすく書かれております。そのため各先生方の専門領域を尊重するために，使用語句の統一は各章ごとの専門領域に準じて記載しております。

　また，「障害」という語句についてですが，「障害」と記載するか「障がい」と記載するか大変迷ったのですが，記述の仕方についてまだ統一見解がないこと，学術的には「障害」という記載が主流であることから，本書では「障害」という記述に統一させていただきました。決して差別的な意図を含んでいるわけではないことをご理解いただけますと幸いです。

　以上，最後となりますが，執筆者一同，一人でも多くの方が，この本を通して保育カウンセリングに興味をもっていただくことを願っております。

1

保育カウンセリング

箕口雅博・藤後悦子

1. 保育カウンセリングの基礎理論　　（箕口雅博）

(1) はじめに

　現代社会では，私たちをとりまく社会環境の変化に呼応する形で，複雑で深刻な心理社会的問題が噴出し，心理援助を必要とする人びとが急増しています。それに応じて臨床心理学やカウンセリングに対する関心と解決へのニーズも高まっています。序章にも述べられているように，保育・子育て支援の現場でも，心理専門職による保育カウンセリングの必要性が高まってきています。

　そこで，本節では，心理専門職の行う心理援助活動としての「カウンセリング」がいかなる目的と考え方・方法のもとに実施されているか，また，「カウンセリング」を効果的に進めていくためには，どのような点に留意する必要があるかについて検討してみたいと思います。

　まず，ここでは，心理援助活動としての「カウンセリング」をどのように定義づけているかについてふれておきます。一般的に，カウンセリングまたは心理療法には非常にたくさんの学派あるいは理論があり，それぞれに多様な定義がなされています（水島・岡堂・田畑，1978；國分，1979；平木，1997；武田，2004；信田，2007；佐治・岡村・保坂，2007；下山，2007；玉瀬，2008）。カウンセリングは心理療法の一技法であるとする見方もありますし，心理療法全体をカウンセリングで代弁していることもあります。また，下山・丹野(2001) は，「臨床心理学」「カウンセリング」「心理療法」それぞれの歴史的発

展過程を検討し，この3つの異同について，次のように述べています。すなわち，「臨床心理学」は，実証的なデータに基づいて対象となる問題のアセスメントを行ったうえで，介入に向けての方針を立て，さまざまな技法を用いて問題に介入していく専門活動を目指します。また，「カウンセリング」は，人間性の尊重を軸とした人間援助の総合学を目指しており，専門性よりも一般性や日常性を重視する活動です。一方，「心理療法」は，特定の学派の理論を前提とした特殊な技能の向上を目指しており，学派色の強い私的な養成機関での教育を行うことを重視する点に特徴をもっています。このように，日本の「心理療法」は，「カウンセリング」の要素を取り込んでおり，「臨床心理学」もカウンセリング心理学の影響を強く受けています。

したがって，ここでは，心理援助活動としての「カウンセリング」を以下のように定義しておきたいと思います。

カウンセリングとは「援助を求めて相談に訪れたクライエントに対して，臨床心理学を基盤とする専門的な訓練を受けたカウンセラーが，言語的・非言語的コミュニケーションを通して行動の変容を試みる人間関係とその過程」を指します。すなわち，クライエントの抱えている心理的・人生上の問題や悩みをクライエントとカウンセラーが「協働して」解決していくことを課題とする専門活動がカウンセリングであると言い換えることができます。したがって，ここでの"主役"はクライエントであり，カウンセラーはクライエントが自らの力で問題を解決し，よりよく生きることができるように脇から支えていく役割をとります。その意味からいえば，「説得」や「指導・教育」とは異なるはたらきかけであり，「信仰」とも異なります。

(2) カウンセリングの特徴

カウンセリングは，「人と人のかかわり」という意味で，自然発生的・日常的な人間関係や相談活動と同じような側面も有しています。しかしながら，以下に示すような点でそれとは異なる「特別に組み立てられた人間関係」といえます。言い換えるならば，「特別に組み立てられた人間関係」を媒介として，一定の専門的訓練を受けたカウンセラーがクライエントに建設的な影響を与えていこうとする心理援助の専門活動がカウンセリングなのです。以下では，専門的

援助活動としてのカウンセリングの特徴について述べます。

①一定の枠組み（基本ルール）のもとでの人間関係（構造の明確化）

　カウンセリングは，明確な枠組み（カウンセリングで何をするか，どういう形式とルールで進めていくか）のもとに行われます。すなわち，面接の場所（同一の場所が原則）と時間（1回あたりの面接時間），曜日と時間帯（一度設定されたら固定されることが原則），回数（間隔），キャンセル・遅刻の場合の手続き，料金が発生する場合の金額と支払方法などが具体的に設定されます。その他にもカウンセリングの場における倫理的事項（カウンセラーが守秘義務を負うこと，クライエントの暴力的行為の禁止など）に関する枠組みもあります（金沢，1998）。こうした枠組みの設定は，カウンセリングにおける「基本ルール」または「面接の構造化」（鑪・名島，2000）とよばれています。このルールの中でカウンセラーもクライエントも共に守られ，日常生活とは異なる人間関係が保証されることになるのです。すなわち，このようなルールがあるからこそ，秘密にしておきたいことや苦しいこと，困難で複雑な心の問題が安心して語られ，クライエントとカウンセラーが協働して問題の解決に取り組むことが可能となっていくのです。

②専門的援助のみを目的とした人間関係（目的の純粋性）

　日常的・一般的な相談活動は，多様な目的をもって行われます。たとえば，職場の上司が生産性の向上を目的として部下の相談にのるとか教師が進路指導のために生徒の話を聴く場合などです。それに対して，カウンセリングにおいては，専門的な心理援助だけを目的として関係が設定され，他の目的の手段としてカウンセリングが用いられることはありません。そうであるからこそ，クライエントとカウンセラーは純粋に向きあい，「自己を語る」「話を聴く」という相互交流に専心することができるのです。そして，こうした相互交流を通して，ラポール（温かく，受容的な相互信頼関係）を形成することから始まり，その問題の本質を心のより深いところで検討し，問題解決・成長に向けて具体的に援助活動を展開していくことができるのです。

③独特な援助関係のもとでの人間関係（共感性と独立性の重視）

　カウンセリングという援助関係が独特なものとして位置づけられるのは，それが日常生活の中で得られるような関係とは異なっているからです。カウンセラーとクライエントとの間には深い密接なかかわりがあると同時に，お互いの独自性がますます明確になるような関係でもあるのです。平木（1997）は，カウンセリングという援助関係の独自性について，次のような点を指摘しています。

お互いに未知な者同士の「一期一会」の関係である

　カウンセリングという援助関係では，まず未知の者同士が，ふたつとして同じものがない未知の体験をします。すなわち，カウンセラーとクライエントは，身内や知り合いといった個人的関係とは別の未知な者同士として出会い，「一期一会」という言葉に象徴されるような「今ここで」のかかわりのなかで，きわめて個人的で微妙な問題について話し合いを重ねていくのです。

クライエントの自律を助ける関係である

　カウンセリングは，クライエントの自律（主体的に自己決定すること）を援助することを目的としています。カウンセラーは，クライエントに代わって問題を解決したり，すぐに問題の解決法を教えたりせずに，クライエント自らが問題解決の方向性を探り，自分に適した目標に取り組んでいける力をつけるように援助していきます。すなわち，カウンセリング関係とは，クライエントが自らを助けるようになるための関係であり，日常的に行われている愚痴や雑談，アドバイスや説教を交わすような関係とは明確に区別されるのです。

共感性と独自性の交わる関係である

　カウンセリングのプロセスの中でカウンセラーは，クライエントをありのままに感じ，理解しようとします。人間がそれぞれ異なった背景とパーソナリティをもって生きているのを考えれば，知らないこと，わからないことがあるのは当然ですが，カウンセラーはその「わからないこと」を「わからないこと」として大切にしながら真摯にねばり強く理解しようとします。こうした，カウンセラーの積極的関心や共感的接近は，クライエントに「自分は自分である」ことを実感させ，自分の独自性と他者への思いやりを理解する体験の機会を提供します。換言すれば，カウンセリングが単なる話し合いや相談の場ではなく，

カウンセラーの共感の働きによって，クライエント自身が自己探索と自己変革の作業に取り組んでいくことを発見する場でもあるのです。「知らないこと」や「わからなさ」を軽視せず，誠実に受けとめるというカウンセリングのかかわりは，お互いを大切にするという援助関係の基本であり，それぞれの共感性と独自性が発揮されていくのです。このような相互作用こそ，カウンセリングの独特な援助関係の特質であり，カウンセリングが次の段階に進むための土台となるのです。

(3) カウンセリングの理論

心の問題を解決するための方法のよりどころとなる理論や技法にはさまざまな種類があり，その数は400にも及ぶといわれています（平木，1997；下山・丹野，2001；下山，2007；信田，2007；玉瀬，2008）。それらの理論を1つずつ丹念にたどっていくことは有益ではありますが，むしろ多様な理論を概観し，主要な考え方について大筋をつかんでおくことの方が重要と思われます。

ここでは，玉瀬（2008）を参考に，それぞれ独自の人間観と卓越した問題・症状のとらえ方，問題解決の方法論を有している主要な4つの考え方（①過去を重視する精神分析的アプローチ，②現在を重視するクライエント中心療法的アプローチ，③行動と環境との相互作用を重視する行動論的アプローチ，④システムを重視する家族システム論的アプローチ）について，その理論の枠組みと特徴を概観しておきたいと思います。なお，各アプローチの詳細については，他書に譲ります。

①精神分析的アプローチ

精神分析は，フロイト（Freud, S.）によって創始され，カウンセリング・心理療法の流れの中では最も長い歴史をもっています。「心」を自我，イド，超自我の構造とし，意識と無意識のメカニズムとしてとらえようとするものです。人の無意識の心の過程を含む内的世界とパーソナリティ構造を理解するための詳細な理論をもち，神経症を中心とした精神障害の治療理論（精神分析）を備えています。具体的には，自然に頭に思い浮かぶものをそのままにことばにするという自由連想法，無意識下のことを知るための夢分析などの技法を用い，

防衛機制や転移の解釈を通して，無意識を意識化すること（洞察）を援助していきます。精神内界の仕組みの説明とそこへのアプローチに強い一方で，現実問題への即効的な対処能力を高めていくことに対する働きかけに弱い側面をもっています。

②クライエント中心療法的アプローチ

クライエント中心療法は，ロジャーズ（Rogers, C. R.）によって，人間の主体性と全体性を重視する理念をもとにつくられた理論であり，人間のもっている潜在力や内的成長力が十分に機能するようにクライエントを援助することがカウンセラーの役割であり，基本的態度であるとしています。カウンセラーの態度条件としては，個人の主観的世界を「心」としてとらえたうえで，クライエントの主観的体験を共感的に理解し，その体験に対して無条件の肯定的配慮（関心）を寄せること，カウンセラー自身の感情とその表現，自己と経験が一致していることが必要とされます。換言すれば，カウンセラーの人間観と態度を理論・技法の中核においたアプローチと位置づけることができます。現在の主観的世界を理解することに主力をそそぐクライエント中心療法的アプローチは，クライエントとの信頼関係を形成していくうえではきわめて有効かつ重要ですが，面接が進み，自己洞察と行動の変化という2つの課題が明確になる後期の段階では必ずしも最適ではない場合も考えられます。

③行動論的アプローチ

行動療法は，学習理論（人は学習によって変化するものだという考え方）から発展したアプローチで，「心」を観察可能な客観的な行動として理解する行動論の立場に立っています。すなわち，クライエントの悩みや問題，症状などを広く行動の問題としてとらえ，クライエントの置かれている客観的な環境要因に焦点をあて，どのような環境要因によってどのような行動を生じやすいかを問題にします。そして，症状や問題は不適切に学習された行動であり，それらは再学習による行動の変容によって解決できると考えます。つまり，クライエントをとりまく周囲の環境との相互作用にはたらきかけることによって，問題となる行動に変化を起こさせ，結果的にクライエントの心理的側面にも変化を

起こさせることができると考えるのです。行動論的アプローチは，発達障害の子どもの行動変容など，行動観察を行いやすい場面での方法論としては優れていますが，観察や測定のしにくい場合の問題を十分に取り扱えない可能性もあります。

④家族システム論的アプローチ

　家族療法では，個人の問題行動や症状は過去の生育歴に由来するものではなく，その個人が属する家族システム全体の問題に由来すると考え，個人の問題を家族というコンテクスト（文脈）の中で理解し，介入していく立場をとります。その理論の出発点は，主に精神分析や家族力動理論を根拠としていましたが，やがてシステム論（システムを「相互に作用しあう要素の複合体」としてとらえ，上位システムと下位システムが入れ籠状に構成されているとみなす生態システムの考え）や対人関係論などを取り入れ，現在では，個人へのカウンセリングの考え方にはなかったユニークかつ実践的な視点を豊富に提供してくれています。その要点として指摘できるのは，これまでの個人カウンセリングの中で取り入れられてきた「直線的因果律（原因と結果を特定することで事象を理解しようとする考え）」の視点から，「円環的因果律（システムの要素は互いに関係をもち合っているので，ある現象は何かの原因であると同時に，結果でもあるとする考え）」の視点への転換です。たとえば，「子どもの不登校は母親の悩みや混乱の原因と見えることもあれば，母親の問題が子どもの不登校をつくっているようにも見える」場合とか「不登校の子どもを学校に行かせようとして，まわりが激励，叱り，連れて行くなどの努力をすればするほど，事態がますます悪化してしまう」場合などです。こうした場合の援助の焦点は，家族のコミュニケーションや親子の力関係，役割関係などにみられる悪循環の関係パターンを変えることに向けられ，援助は，システム内の「今・ここ」での相互交流やシステムがつくり出す関係や構造に対して行われます（平木，1997）。このように，家族システム論的アプローチでは，問題をシステム全体の中で生態学的にとらえることによって，カウンセラーが全体の問題点やメンバー相互の関係性とその影響を把握することが可能となり，より効果的な介入ができるようになりました。その一方で，現実に適用していくアプローチとしては，専

門家としての訓練や専門機関の整備などに比較的コストがかかる点も指摘されています。

　これまでみてきた主要な4つのアプローチの理論・技法は，カウンセリングの中心課題（問題となっている状況とそのとらえ方，行動・対人関係などに，いかに有効な変化をもたらすか）を共有しつつも，問題の見方や変化の起こし方について，それぞれ相互に異なるアプローチをつくりあげてきました。一方，これらの違いは相互に補い合い，カウンセリングの幅を拡げ，人間の問題に統合的に迫る可能性を示唆しています。したがって，カウンセラーは，それぞれ自分にあった理論を身につけていくと同時に，自らのカウンセリング体験をもとに，その方法に修正を加え，多様なニーズに応えられる援助の方法を創造していく不断の努力が大切と考えられます。

(4) カウンセリングで求められる基本態度と技法

　カウンセリングが成功するためには，カウンセラーがカウンセリングの理論や技法を習得するだけでなく，カウンセラーとしての資質をもち，それを伸ばしていくことが必要だと考えられてきました。すなわち，クライエントに問題解決や変化に対する積極的態度と意欲があり，そこにカウンセラーの情緒的安定と高い専門性，そして自信がかかわっていくことがカウンセリングの成功につながると考えられます（平木，1997）。

　ここでは，カウンセリングで求められる基本的態度と技法のポイントを示しておきます。

①ラポールの形成

　クライエントが自分や自分の問題に取り組み，自分の可能性を十分に発揮させ，自己成長や自己実現に向かっていけるように援助するためには，カウンセラーとクライエントのあいだに「ラポール（温かく，受容的な相互信頼関係）」を形成することが最も必要となります。これまでのカウンセリングに関する効果研究（岩壁，2004）によりますと，理論や技法の違いにもかかわらず，熟練者の面接技術のあいだにほとんど違いがなく，むしろクライエントとの関係のもちかたは共通したものだということが明らかにされました。これはどの学派

であれ，カウンセラー自身が深く1つの技法にコミットし，クライエントとの良い関係（ラポール）をつくることが大切であるということを示唆しています。こうしたラポールを形成するためには，カウンセラーがクライエントに深い関心を寄せていることをいかに伝えるかがポイントになります。この点について，ここでは，ロジャースの提起したカウンセリング関係が成立するための「カウンセラーの基本的三条件」を示しておきます。

クライエントに対する無条件の積極的関心（受容性・尊重性）

　カウンセラーはまず，無条件に相手を受け入れ，尊重すること，すなわち，クライエントを大切にする思いやりを示すことが重要となります。クライエントは，自分がカウンセリングにおいて大切にされ，尊重されているかどうかにきわめて敏感です。失敗事例を検討してみると，クライエントが自分は尊重されていないと感じてしまう場合が多いようです。それは，単にカウンセラーの発することばだけではなく，カウンセラーの全身から発せられるメッセージによってクライエントがそう感じてしまっていると考えてよいでしょう。

共感的理解（共感性）

　共感的理解という概念は，相手に理解されるように表現されてはじめて成立します。カウンセラーが「あなたの気持ちはわかります」と言っただけでは，共感を伝えたことにはなりません。カウンセラーがクライエントのことをどのようにわかったかを適切に伝え返してはじめてクライエントは「わかってもらえた」と理解するのではないでしょうか。

カウンセラーの自己一致（純粋性）

　カウンセラーは自分自身に正直であり，できるかぎりありのままの自分をクライエントに示そうとすることが重要です。そのためには，自分自身が安定した状態にあることが必要になります。すなわち，カウンセラー自身が安定した人であればあるほど公平で健全な思考のもとで，より的確な判断が可能となるからです。

　以上のような基本的態度でカウンセリングを進めていくことによって，クライエントが自分は受け入れられていると感じて安心し，共感されたと感じることができるようになるのです。

②作業同盟の形成

作業同盟は，クライエントとカウンセラーの信頼・協力関係を意味し，近年の効果研究においては，カウンセリングを成功させるのに最も重要な変数の1つであることが明らかになっています（岩壁，2007）。作業同盟という概念には，クライエントとカウンセラーの「感情的つながり」「面接中に行う作業とその目標に関する合意」「クライエントの積極的かかわり」が含まれています。こ

トピック1　遊戯療法

　子どもたちは，遊びの中でさまざまな考えや感じ方を表現してくれます。その率直な表現に注目した心理療法が「遊戯療法（play therapy）」とよばれるものです。子どもたちが集団で生活をする保育園では，厳密な方法での遊戯療法の導入は難しいかもしれません。しかし，毎日繰り返される「遊び」の表現から，子どもの心を理解する方法として，遊戯療法は参考になります。

　幼児の心理療法で，最も一般的な技法は「遊戯療法」であると考えられます。遊戯療法とは，セラピスト（カウンセラー）が子どもの「遊び」にかかわることを通して，子どもの心理的問題に介入し，治癒や成長をもたらす技法のことです。遊戯療法は一般的に，一人の子どもと一人のセラピストが，プレイルームの中で遊びます。遊戯療法のための特別な遊びはありません。鬼ごっこでも，ままごとでも，ブロック遊びでも，何でも良いのです。プレイルームには，遊具を豊富にそろえておき，遊びは，子どもが主体的に決めます。セラピストの役割は，その遊びを保護し，見守り，遊びに現れる子どもの表現を受けとめることです。遊戯療法では，子どもが好きに遊んでいるだけなのに，表情が良くなり，回復していきます。子どもが自ら立ち直り，強く生きられるように変わっていくのは，子どもにとって最も自然で，得意な表現手段である「遊び」を通して，自分の内界をセラピストに伝えることができるからです。当然，子どもとセラピストとの間にも，ラポール（rapport）が必要になります。子どもが心を開き，素直に表現することに対して，セラピストが積極的な関心をもって向き合うことが，遊戯療法の場面でも基礎になります。

　遊戯療法には，いくつかの技法があります。有名なものでは，表現されたことの象徴的意味やイメージを分析的に解釈する立場のA.フロイト（Frend, A.）やクライン（Klein, M.）などに代表される「児童分析的遊戯療法」，子どもの遊びの自由度を最大限に保障し，遊びを通して子どもの自己成長を信じて見守る立場のアクスライン（Axline, V.）による「児童中心遊戯療法」などがあります。前者はS.フロイト（Frend, S.）に始まる精神分析や，後の分析心理学に，後者はロジャーズ（Rogers, C.）の来談者中心療法に，それぞれ理論的な源流があります。しかし，自分の内的葛藤や困難を語るようなカウンセリングでは，言語的に未成熟な子どもたちに不向きであることから，子どもたちの最も優れた表現手段である「遊び」を受けとめることが

うした信頼・協力関係を形成していくためには，クライエントが面接に関する率直な感想や意見を自由に話せるような風土をつくり，意見やニーズを十分に汲みとる工夫が必要になります。

③問題の明確化

　カウンセリングでは，クライエントが自分の悩みを明確にし，具体的にする

適切と考えられました。
　子どもは遊びの中で，自分の立場や家族関係，トラウマ体験や不安な気持ちなどを直接的・間接的に表現することがあります。良い表現・悪い表現と評価するのではなく，それがその子がいま感じていること，いま表現する必要があることなのだと，受けとめるよう心がけましょう。その表現を受けとめ，その心を安全に包み込んで，いたわり，安心感をもたせることが必要です。
　遊戯療法では，子どもが「遊べるようにすること」を大切にします。特に，発達面や心の健康の問題を抱える子どもたちは，家庭でも保育園でも，遊び始めるとすぐに叱られ，禁止され，片付けを急かされることばかりです。遊びの中で，子どもの心を理解しようとするならば，できる限り自然な状態で子どもが遊べるように環境を整える必要があります。端的に言うと，「安全面」「衛生面」などで，絶対に「ダメ」と言わなければならないこと以外は，可能な限り自由に遊ばせるようにします。また，その自由な遊びを安全・円滑に楽しめるように環境面も含め配慮します。子ども自身が自ら取り組むことを大切にしますが，子どもの力では解決困難なことで困っている時は，大人がほんの少し，手助けをすることで，遊びの自由度が増す場合があります。手助けと介入は微妙なバランスのうえにありますが，子どもが自由に遊べるようにするという観点を見失わなければ大丈夫です。そうすると，保育の中の自由遊びからも，子どもの心の理解において，重要なことが読み取れるようになるでしょう。

（竹内貞一）

ことを援助していくことが重要なポイントとなります。クライエントの問題を正しく理解するために，情報を確認することも必要です。共感するということは，話し手のことばをただ「繰り返し」たり「オウム返し」することではありません。聴き手は，話し手が問題をどのように認識しているか，本当の問題は何か，不足している情報を得ること，また，どのような気持ちでいるかを確認していくことで，話し手がいくつもの「気づき」をそこから得て，自分自身の問題を解決していくことができるのです。

④質問と見立て

　カウンセリングで大切なことは，クライエントの話を聴きながら，どこまでクライエントの問題をリアルにイメージできるか，すなわち，カウンセラーが納得できるまで聴くことができるかということです。相手が納得することより，まず，カウンセラーがそのようにして聴くことです。共感は結果として生まれるものであり，共感は必要条件ではありません。感情レベルで寄り添うのではなく，論理で組み立てること，それに伴うイメージを描くことを心がけることだと思っています。つまり，苦しいクライエントに共感するより，苦しみの背景や混乱を質問によって聞き出し，カウンセラーがそれを構造的に組み立てて，「なるほどこういうことなんだな」と了解できるまで聴くのです。そのために必要なのが，カウンセラーからの質問なのです（信田，2007）。

⑤解　　釈

　クライエント中心療法では，自己洞察ができるようにクライエントの自己の感情と思考を明瞭にするのを援助するのがカウンセラーの重要な役割であるとされてきました。それに対して，精神分析的アプローチをはじめ他の学派では，クライエントの悩みの原因が何に由来するのかを解釈することが多いといわれています。すなわち，クライエントの行動や態度に対するカウンセラーの見方を示すことで，クライエントの自己洞察を深めていくのです。

　以上述べてきた基本的態度や技法のほかに，カウンセリングに対する「抵抗」の取り組みや「転移と逆転移」の取り扱いなどがあります。いずれも，カウンセラーとクライエントの間に生じる不安に起因するといわれており，こうした

現象に対するカウンセラーの自覚と対応が求められています。

(5) 非言語的なコミュニケーションの重要性

私たちが日常的に行っているコミュニケーションの93％は，非言語的なものによるといわれています。すなわち，私たちは，ことばだけではなく，顔の表情，動作・姿勢，声の大きさや調子といった非言語的表現を通して自分の考えや感情やメッセージを伝えていることになります。それでは，非日常的な関係性のなかで，主にことばによるコミュニケーションが展開されているカウンセリング場面における非言語的コミュニケーションはどのような役割と意味をもち，どのように扱う必要があるでしょうか。ここでは，カウンセリングにおける非言語コミュニケーションの問題を扱っている武田（2004）を参考に，検討してみたいと思います。

①カウンセリングの場における非言語的行動

カウンセリングの定義にも述べてあるように，カウンセリングプロセスにおける非言語的コミュニケーションは，ことばによるコミュニケーションと同等かそれ以上の影響力をもっています。もちろん，この2つのコミュニケーションは多くの場合結びついており，両者は切り離すことはできない側面もあります。クライエントが何を話し，何を考えているかも大切ですが，姿勢や態度，顔の表情，目の動き，声の大きさや調子といった身体の状態に結びついている非言語的行動は，相手の気持ちや考えを理解するうえできわめて重要な手がかりとなります。その他，カウンセリングの場で重要と思われる非言語的行動として，「沈黙」「クライエントの座る位置」「時間にまつわる問題（遅刻や面接時間の引き延ばし）」「言い間違い（失錯行為）」などが挙げられます。次項では，これらの非言語的行動がどのような意味をもち，どのように取り上げていくことが必要かを検討してみたいと思います。

②クライエントの非言語的行動をどう取り上げるか

クライエントの非言語的な行動に対して，カウンセラーがどのように取り扱うべきかについては，一定の方法があるわけではありません。最も一般的な方

法は，クライエントの示す非言語的メッセージをそのまま受け入れ，尊重する態度だと考えます。たとえば，「子どもが学校に行かないで困っているんです」と訴えるクライエントの場合，まず，クライエントが話している内容と非言語的な表情が一致しているかどうかを観察します。一致していなければ（たとえば，笑いながら話す），ことばで話していることが必ずしも本当のことではないかもしれないとカウンセラーは考えてみる必要があるでしょう。しかしながら，その不一致をクライエントに指摘するかどうかは慎重に考えることが大切です。カウンセラーが自分で観察できたり，感じることができたことをクライエントに言うべきかどうかは，別の次元の問題です。「子どもさんが学校に行かないお話をなさったときに，あなたは笑顔でお話になりましたが，どうしたことでしょう」というかたちで取り上げることもできますが，こうしたコメントは，あまりにもクライエントの気持ちの深いところにふれる質問だと思います。カウンセラーはクライエントの話すことと非言語的なメッセージに注目し，それを受けとめることはしますが，直接ことばに出さずに，慎重に他の非言語的なメッセージを見守ります。カウンセリング場面における「沈黙」をどう扱うかについても同様です。すなわち，沈黙もコミュニケーションの一部であると同時に，沈黙の中身は多様であり，異なった意味をもっていることを踏まえたうえで，クライエントが黙っていることを温かく受け入れる雰囲気をつくり，カウンセラーは状況を見極めてから話し出すことがポイントになるでしょう。カウンセラーにとって状況の見極めは必ずしもやさしいことではありませんが，クライエントの自由な表現や思考のプロセスを妨げないようにすることが必要になります。

③カウンセラーの非言語的行動

　カウンセラーもクライエントと同じように非言語的にさまざまなコミュニケーションを行っています。カウンセラーの非言語的行動の中には，クライエントとの援助関係を促進するものもあれば，援助関係を阻害するものもあります。たとえば，カウンセラーが「視線を合わせる」「クライエントの顔を見る」「身体をクライエントに向ける」「リラックスしている」「表情が穏やかである」などは，クライエントとの援助関係を促進させる要素となるでしょう。いっぱ

う，カウンセラーが「わき見をする」「視線をそらす」「下を向いてメモをとる」「顔をしかめる」「足を組んで動かす」「高すぎたり低すぎたりする声で話す」などは，援助関係を阻害する要因となる可能性をもっています。したがって，カウンセラーは，そうした表現や行動を自己観察する機会をもつことが必要です。同時に，クライエントの話すことと非言語的行動が一致していない点をカウンセラーが鋭敏に観察するように，カウンセラー自身も，自分の話すことばと非言語的行動が一致しているかどうかのアセスメントをしっかり行いながらカウンセリングに臨むことが大切です。

(6) カウンセリングの記録
①記録の必要性と意義

すでに述べてきたように，カウンセリングは一定の専門的訓練を受けたカウンセラーがクライエントに建設的な影響を与えていこうとする心理援助の専門活動であり，そうした活動が十分に機能するための枠組みのもとに行われています。また，心理援助の専門活動としてのカウンセリングは，社会からの公式な要請に応えるために，活動の実践的有効性を社会に示す「説明責任（アカウンタビリティ）」を果たすことが求められるようになってきています。したがって，カウンセリングの記録を残しておくことは，カウンセリングを効果的に進めていくだけではなく，専門的関係を保証し，社会的説明責任を果たしていくうえでも，カウンセラーにとって必須の仕事となります。

また，毎回の面接のあとで時間をとり記録を作ることによって，その面接のセッションをふり返り，面接中には気づかなかったことや聞き落としたこと，注意しなければならないことなど，種々の問題を考える時間が与えられます。こうした記録を読み返すことによって，面接全体の流れとストーリーがカウンセラーの頭の中に浮き彫りにされてくるからです。さらに，面接の始まる前に前回までの記録を読み返すことによって，前回とのつながりを把握でき，「出たとこ勝負」の面接にならず，より効果的な面接をすすめることが可能になると考えられます。とりわけ複数のクライエントを担当しているときには，カウンセラー側の混乱を避ける意味からも，事前に面接記録を確認しておくことが必要です。

したがって,とりわけ初心者は,毎回,面接のあとに一定の時間をとり,面接記録の作成を通したふり返りの習慣を作ることが大切です。そして,どんなに多忙になっても,この記録の習慣をこわさないように努めることがきわめて重要となります。

記録を作らない面接は,無責任でいい加減な面接であると考えられます。経験の豊かなカウンセラーは,総じていつも,きちんとした記録を作っているものであり,カウンセラーは,この毎回の記録から成長するといっても過言ではないでしょう。

②面接記録の取り方と内容

ここでは,面接の記録はどのように作り,どのようなことを記入していくかについて述べてみたいと思います(國分,1979;鑪・名島,2000;武田,2004)。

面接中の記録

面接中は原則としてメモをとらない方が望ましいと考えます(國分,1979;武田,2004)。面接中はクライエントに全面的な注目と関心を払うことができるように配慮する必要があるからです。クライエントにとっては,カウンセラーが自分の話を聞きながらメモをとるということは,調書を取られているような感じになったり,証拠が残るような気がして,話しにくくなる人がいるからです。また,カウンセラーにとっても,メモをとることに気をとられ,クライエントにきちんと向きあって話ができなくなり,クライエントの非言語的表現を観察する機会も少なくなることが考えられます。ラポールの形成という点からみても,相互に顔を見ながら面接をすることが大切です。ただし,数字や固有名詞など,大事な情報については,「大切なところを忘れないようにメモしてもいいですか」と断ったうえで,大切なポイントだけを記入するという配慮が必要です。

インテーク面接の記録

インテーク面接の記録内容は,所属している機関やカウンセリングの理論・立場によっても異なるものと考えられます。ただし,多くの場合,「属性情報」「来談経緯・理由」「生活歴」および「見立て・援助計画」は最低限の記録として残しておく必要があります。とりわけ,カウンセラーがクライエントにどの

ような印象をもち,いかなる全体像をつかんだか,初期の援助目標と最終的な援助目標,選択されるであろう援助方法と今後の予想を含む「見立て・援助計画」は今後のカウンセリングを進めていくうえで重要な指針となるものですので,十分に記録しておく必要があります。

毎回の面接の記録

　毎回の記録は,面接終了後,印象と記憶が鮮明なうちに,その場で記入することが望ましいと考えます。詳細に記述する必要はなく,10～15分でまとめら

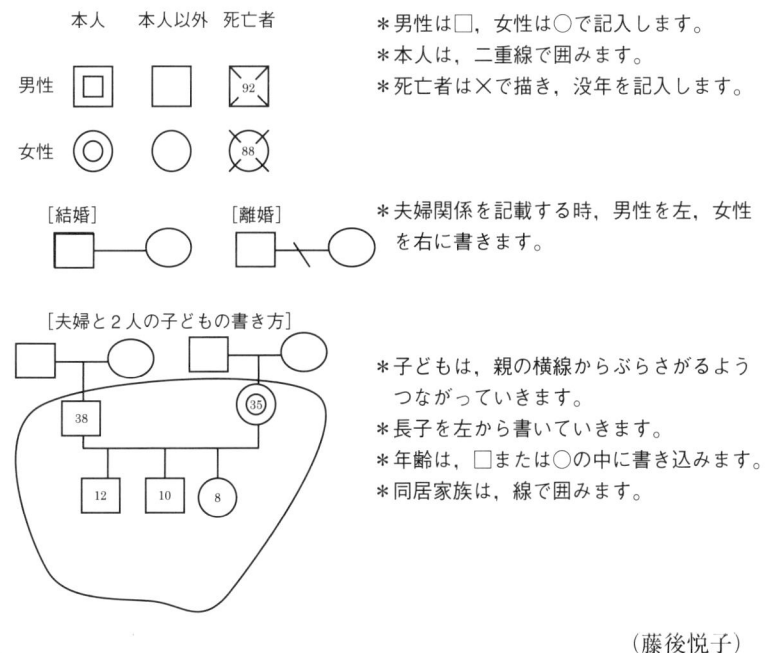

トピック2　ジェノグラムの書き方

　面接記録を書く時には,親子関係を記入することが必ず必要となります。その際,ジェノグラムの書き方を知っておけば,とても便利です。ジェノグラムとは,家族療法などで用いられているいわゆる家系図の書き方です。
　原則として以下の基本点を押さえておきましょう。

＊男性は□,女性は○で記入します。
＊本人は,二重線で囲みます。
＊死亡者は×で描き,没年を記入します。

＊夫婦関係を記載する時,男性を左,女性を右に書きます。

＊子どもは,親の横線からぶらさがるようつながっていきます。
＊長子を左から書いていきます。
＊年齢は,□または○の中に書き込みます。
＊同居家族は,線で囲みます。

（藤後悦子）

れる程度の要約で十分です（國分，1979）。記録にあたっては「クライエントの様子（表情や服装の変化，定刻に来たかなど）」「面接中の話題（語られた内容を一人称で具体的に記述）」「面接中の印象（これまでと違っている点，意外なこと，驚かされたこと，感じたことなど）」について，専門用語を使わず，できるだけ客観的にしかも具体的に記述することが重要です。

面接経過のまとめ

　面接が継続して進行していく場合は，面接の経過に応じたまとめの記録が必要になります。すなわち，面接の流れや筋道を把握することによって，将来起こりうる事態を予測することが可能となり，安定した援助関係が形成できると考えられるからです。面接の経過をまとめるにあたっては，毎回の面接記録を読み返し，「これまでに話し合われた内容」および「面接室内外でのクライエントの行動や印象」の変化に着目して要約していくことがポイントとなります。

最終のまとめの記録（終結または中断時）

　面接が終結したり，何らかの理由で中断した場合のまとめを記録に残すこともきわめて重要な作業です。カウンセラーは中断や失敗の事例から多くを学ぶことが多々あるからです。したがって，この最後のまとめをおろそかにせず，誠実に取り組むことが大切です。また，面接のまとめは，カウンセラーの個人的動機や欲求に基づいてなされるのではないことも知っておく必要があるでしょう。先に述べたように，専門家として活動することは面接の記録によって裏付けられるからです。終結や中断後にクライエントについて他機関からの問い合わせなどがある場合や2～3年後に再度来談してくることもあります。このような場合に備え，しっかりしたまとめの記録を残しておくことは，専門家としてのカウンセラーの義務であると言い換えることができます。

　以上述べてきたように，面接の記録はカウンセラーだけのものではなく，クライエントや他のカウンセラーなど，他者が見ることを前提として書かれる必要があります。面接の一字一句を記録する必要はありません。わかりやすく，簡潔明瞭に，客観的に，しかもクライエントの変化やセッションの様子の要点が再現できるようにする必要があります。また，記録が後日見られた場合に，クライエントが過度に不利益をこうむらないよう，表現や内容を配慮することも必要となるのです（金沢，1998）。

トピック3　記録の書き方と保管

保育カウンセリングでは，面接記録を書くことが求められます。ここでは，面接記録の書き方や保管の仕方について見ていきましょう。

記録の書き方

記録用紙には，子どもの名前，保護者の名前と連絡先，家族関係，主訴などを書いていきます。それから生育歴として，生まれた時の様子やその後の発達を確認します。生まれた時の様子としては，出産時の様子や首のすわり，お坐りの時期，独歩の時期，そして指さしや人見知り，ことばの出始めの様子など発達のポイントとなる出来事を確認していきます。

面接記録の保管

面接記録の保管は，鍵のついたロッカーなどへしまっておくことが求められます。そして最低3年は記録を保管しておくことが原則となります。5年以上経ったものは，シュレッダー等で破棄してください。

記録用紙の例

相談日（　年　月　日）時間（　：　～　：　）担当（　　　）	
子どもの名前（　　　男・女）生年月日（　年　月　日生：　歳　カ月）クラス（　）	
保護者の氏名（父：　　母：　　）年齢（父：　母：　）職業（父：　母：　）	
連絡先（　　　）	
主訴	
家族関係	生育歴 分娩の様子（普通分娩・帝王切開　　週　） 出生体重　（　　　　　　　　　）グラム 首のすわり（　　　　　歳　　　カ月） おすわり　（　　　　　歳　　　カ月） 人見知り　（有・無：　歳　　カ月） 指差し　　（有・無：　歳　　カ月） 初語　　　（　　　　歳　　　カ月） 独歩　　　（　　　　歳　　　カ月）
家庭の様子（生活リズム，家庭での遊びの様子，食事の様子等） ＊生活リズム：　0――3――6――9――12――15――18――21――24 ＊遊びの様子： ＊食事の様子：	
相談内容	
所見	対応

（藤後悦子）

2. 保育カウンセリングの概要　　　　　　　　　（藤後悦子）

　前節では，保育カウンセリングの基本となるカウンセリングの知識や技能について述べてきました。ここでは，これらの知識を踏まえながら，保育カウンセリングを展開するための基本的な枠組みについて説明していきます。

(1) 保育カウンセラー（資格の種類）

　保育現場にカウンセリングということばが導入されたのは，1980年代後半頃からです。当初保育カウンセリングは，カウンセリングマインドの保育などとして使われ始め，保育者が子どもの理解を深めていくことを意味していました。このように当初カウンセリングマインドの対象は子どもでしたが，エンゼルプランにより保育現場に子育て支援の機能が求められるようになってから，その対象は子どものみでなく，家族をも含むものとなっていきました。

　1993年から，全国私立保育園連盟では，保育カウンセラー養成講座として，3年以上の保育者を対象とした初級，中級，上級などの専門的な講座を開設しています。初級コースでは，カウンセリングの基礎理論を学び，中級コースでは，「自己理解」について，そして上級コースでは，子育て支援者としての自己確立や，地域の援助機関との連携について学んでいきます。この上にステップアップコースが用意されており，その内容は，事例研究を通して実践力を身につけていくものとなっています。この講座は，本書を読まれている方で，保育者として子ども理解や家族理解に関する学びを深めたい方には，最適だと思われます。全国私立保育園連盟の保育カウンセラー養成講座が目指しているように，そもそも保育現場における「カウンセリング」や「カウンセラー」ということばは，保育者がより深く子どもや家族を理解するための知識や技術という意味で使われてきたのです。

　いっぽう，社会的に臨床心理士という資格が認知されるに従い，また1995年からのスクールカウンセリング事業の開始により，スクールカウンセリングと類似の枠組みで心理職としての保育カウンセラーが議論されることとなりました。それでは，心理職としての保育カウンセラーとは，具体的にどのような資格が必要となるのでしょうか。保育カウンセラーを支える職能団体としては，

心の専門家である臨床心理士，発達を専門とする臨床発達心理士，国家資格である言語聴覚士などが挙げられます。ここでは，各資格について簡単に説明しておきます。

①臨床心理士

心理臨床に関連のある16の学術団体（学会）の総意に基づいて，1988年（昭和63年）に「日本臨床心理士資格認定協会」が設立され，「臨床心理士」の資格認定が開始されました。さらに，2年後（1990年）には，文部科学省から公益法人格をもつ財団法人として認められ，現在では，指定大学院を卒業して臨床心理士の受験資格が与えられ，臨床心理士資格認定協会の試験を合格したら資格が授与されます。一度資格を獲得しても，各種の研修を積み重ね，5年おきに資格の更新が求められます。

②臨床発達心理士

日本発達心理学会，日本教育心理学会，日本パーソナリティ心理学会，日本感情心理学会の4学会が，臨床発達心理士認定運営機構を設立し，2003年3月1日から学会連合資格として臨床発達心理士の資格を発行しています。各種の研修を積み重ね，資格は5年おきに更新が求められます。

③言語聴覚士

言語聴覚士法に基づいた国家資格です。言語聴覚士はことばによるコミュニケーションに問題がある方に専門的サービスを提供し，自分らしい生活を構築できるよう支援する専門職です。教育機関や保健福祉関係，医療機関で幅広く活動しています。

保育カウンセラーとして活動する場合，これら3つのうち少なくともどれか1つを有することが将来的には求められてくることと思われます。

(2) 保育カウンセラーの仕事内容

それでは，次に保育カウンセラーの仕事の内容についてみていきましょう。実は，保育カウンセラーの仕事内容は，いまだ明確な規定が定まっていません。

なぜならば保育カウンセリングはまだ始まったばかりの分野だからです。2008年に日本臨床心理士会の保育臨床心理士専門委員会が，保育現場での心理専門職（保育カウンセラー）としての仕事内容を具体的に示しましたので，これが今後の一つの基準となることでしょう。

しかしいっぽうで，保育カウンセリングはすでに個々のカウンセラーと民間の保育園や幼稚園との契約のもとにスタートしている現状があります。また，

トピック4　保育現場は，どのような支援を求めている？

東京都A区の保育園90園にアンケートをし，保護者への支援としてどんな種類の専門機関や専門職と連携を求めているのかを調べました。その結果，保育現場は，心理士との連携を強く求めており，続いて精神科医，児童相談所との連携を希望していることがわかりました。このように保育カウンセラーは，保育現場から必要とされており，今後の活躍が期待される職種であるといえます。それゆえ，今後保育カウンセラーを目指す人は，子どもへの支援にとどまらず，保護者への支援，保育者へのコンサルテーションなど幅広い現場からのニーズにこたえられるような専門性をつけていきたいものです。

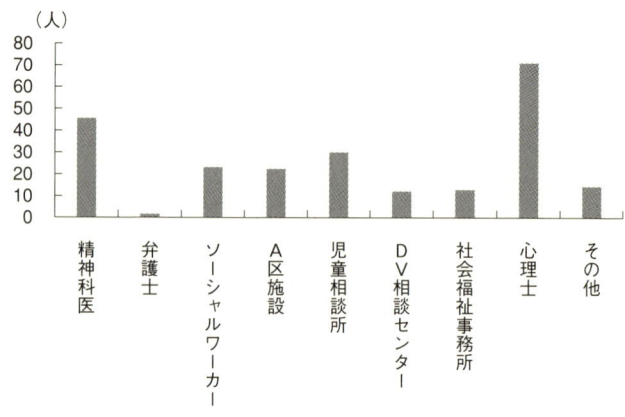

図　保育現場が連携を希望する専門機関・専門職　（藤後ら，2010）

文献　藤後悦子・坪井寿子・竹内貞一・府川昭世・田中マユミ・佐々木圭子（2010）保育園における「気になる保護者」の現状と支援の課題—足立区内の保育園を対象として—東京未来大学研究紀要，3，85-95．

（藤後悦子）

保育園や幼稚園の保育者が，臨床発達心理士の資格をもち，相談活動を行っている場合もあります。この点がスクールカウンセリング事業とは大きく異なる点なのです。スクールカウンセリング事業の場合，その対象となる学校のほとんどが公立学校ですので，個人が各学校と直接契約を結ぶということは，めったにありません。スクールカウンセラーは，あくまでも県や市区町村と契約をし，市や都や県の非常勤職員として働くことが多いのです。つまり，勤務条件も雇用条件もその地域で働くスクールカウンセラーは基本的には同じであるという前提なのです。

しかしながら，保育カウンセラーの活動場所となる保育現場は，その約半数が私立園なのです。私立園の場合，市区村町が巡回相談として保育カウンセラーを派遣する場合と，民間の保育園が独自に保育カウンセラー個人と契約する場合があります。保育園や幼稚園と保育カウンセラー個人が直接に契約した場合，その仕事内容や雇用条件は各園によって異なってきます。たとえばある人は保育カウンセラーとして心理臨床活動を行っており，ある人は，保育カウンセラーとして保育者と同じ仕事内容を行っているという状況が生じうるのです。このように，保育カウンセラーの仕事は，実際にはかなり幅広く展開されていると考えられます。その中でも，本書はあえて心理臨床活動としての保育カウンセリングに焦点をあて，保育者の立場とは区別して取り上げていきます。

次に，臨床心理士会の保育カウンセラーに関するパンフレット内容を参考に，

表1-1　保育カウンセラーの仕事内容

	子ども	親	保育者	地域
アセスメント	行動観察 新版K式発達検査2001 田中ビネー，WPPSI その他の発達検査/知能検査 情報収集	行動観察 心理検査	行動観察	地域の状況や関係性についての観察
相談活動	保育内容による支援 プレーセラピーなど	子育てを軸にした心理相談	コンサルテーション（子ども，親に関する内容）	地域の子育て相談
その他		おたよりの発行 勉強会や講演会の実施	危機介入への対応 他機関との連携 研修会の実施	

筆者自身の経験を加え，保育カウンセラーの仕事内容を表1-1にまとめてみました。

保育カウンセラーの仕事内容は，子どもを対象とするもの，親を対象とするもの，保育者を対象とするもの，地域を対象とするものにわけられます。以下に，対象者別の仕事内容をみていきましょう。

トピック5　保育カウンセリングにおけるアセスメント

アセスメントとは

　実際の子どもたちの様子を理解し，どのようなことで支援を求めているのかを把握していくプロセスをアセスメント（assessment）といいます。保育カウンセリングでは，発達的側面に配慮した発達アセスメントであることが求められますが，子どもを理解し，さらに子どもの支援に役立てるアセスメントであることが求められます（本郷ら，2008）。

保育カウンセリングにおけるアセスメント

　アセスメントというと，心理検査をイメージする場合が多いですが，実際のアセスメントでは，心理検査のほか，行動観察や聞き取りなども行います。以下，それぞれについてみていくことにします。

　「行動観察」では，普段の生活場面，自由遊び場面やルール遊び場面などいくつかの場面で観察することが必要となります。たとえば，遊びの場面なら，どのような遊びを誰としているのか，その遊びをどれくらい持続させて遊んでいるのかといったこと等について観察します。こういった観察により，遊びのタイプによって異なる行動パターンや，遊びのタイプを通して共通に見られる行動パターンなどを観察することができます。「心理検査」については，保育の現場で実際に行われることは多くはありませんが，検査結果が子どもの保育の支援に活かされていくことが大切です。乳幼児の子どもを対象にした検査では，最近では新版K式発達検査2001が多く行われるようになりました。この他に，田中ビネー式知能検査やWPPSI（ウェクスラー式知能検査の幼児版）などが用いられています。「聞き取り」については，子どもたちの普段の生活の様子を知っている保護者や保育者に様子を聞くことが多いです。聞き取りは，面接の枠組みに沿って行われることが多いですが，この場合，面接の内容だけでなく，面接の方法にも配慮する必要があります。

　このように，いくつかの視点からとらえることは，目の前の子どもたちを理解する上でも大切なことといえます。たとえば，絵本を読み聞かせているときに静かに聞くことができない子どもについても，絵本の内容がよく理解できないのか，ほかに目につくものがあるためどうしても絵本に集中できないのか，静かに座って聞く習慣がま

① 子 ど も

　子どもを対象とした保育カウンセリングとは，主に子どもの状態をアセスメントすることと，アセスメントに基づいた支援を行うことにわけることができます。はじめにアセスメントに関して説明します。アセスメントの目的は3つあると考えられ，第一の目的は，子どもの発達や認知的特性を把握することです。これは，子どもの発達の問題を早期に発見し，早期に介入することを目指

だあまりついていないのか，その理由を考えていくことができます。その理由によって保育支援の方法も変わっていきます。
　図に，保育アセスメントにかかわる主な要因を挙げましたが，このように子どもたちのさまざまな特性や諸環境を考慮しながらアセスメントを行っていく必要があります。このような方法から，客観的に子どもを見ていく「科学性」と普段の子どもたちの様子をとらえる「日常性」の両方を大切にしたアセスメントを行っていきたいものです。

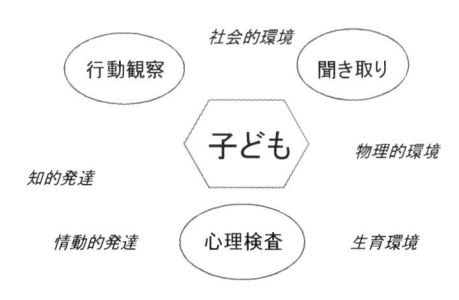

　　　　　　　　　　　　　社会的環境
　　　　行動観察　　　　　　　　　聞き取り
　　　　　　　　　　　子ども
　　　　　　　　　　　　　　　　物理的環境
　　　　　　知的発達
　　　　情動的発達　　　心理検査　　生育環境

　　　　　　　　図　保育アセスメント

保育カウンセリングにおいて配慮すること
　以上，保育支援に役立てるための発達アセスメントで用いられている代表的な3つの方法を紹介しました。これらの方法はバラバラではなく，たとえば，上記の例においても聞き取りのときに間接的な発達検査を用いることや，検査場面においても行動観察を行っていくように，各方法は重なり合っているのが実情です。このようにして，断片的でなく子どもの全体像をとらえるようにすることが大切です。
　また，インフォームド・コンセントや結果のフィードバックなど倫理的側面にも十分配慮する必要があります。

文献　本郷一夫（編）(2008)．子どもの理解と支援のための発達アセスメント　有斐閣

（坪井寿子）

します。

　第二の目的は，虐待や養育環境の影響による愛着障害の問題を把握することです。アセスメントの結果，虐待が疑われる場合には，児童相談所や子育て支援センターへの通告など，他機関との連携が求められます。

　第三の目的は，子どもの生得的な気質や育てにくさを把握することです。これは，子どもの特徴に応じた保育内容を検討していくために，欠かせないものです。

　実際の子どものアセスメントは，成育歴などの情報収集，行動観察，各種の発達検査や心理検査の実施など多面的に行っていくこととなります。原則的にアセスメントは，親の了承のもとに行い，そのアセスメントに基づいた支援内容は，それぞれの保育現場によって求められるものがかなり異なります。たとえばある保育現場では，発達検査によるアセスメントをもとに個別支援や遊戯療法や小集団の療育を行うかもしれません。またある保育現場では，アセスメント結果をもとに，他機関への紹介を重視するかもしれません。またある保育現場では，発達検査は行わず，行動観察のみ行い，その結果をよりよい保育に生かすことを重視するかもしれません。このように保育現場の特徴に合わせて，子どものアセスメント方法を検討し，その結果を活用していく柔軟さが保育カウンセラーには，求められます。

②親への支援

　親を対象とした相談活動は，基本的には，親自身の成育歴に関する問題や精神病理的な問題については取り扱わず，子育てを軸とした相談となります。しかしながら相談中に親自身の成育歴が想起されたり，DVを含む夫婦関係や家族関係の問題が話題に上がることもよくあります。親自身の問題をどの程度，保育カウンセリングの中で扱っていくのかという点は，保育カウンセリングの枠組みにかかわる重要な問題であり，常に意識しておく必要があります。もしも親自身に，うつ病やパニック障害などの精神疾患が疑われたりする場合は，すみやかに病院を紹介します。また，カウンセリングとは，心の病気を何でも治せるという期待を親や保育現場が抱いている場合もあります。それゆえに保育カウンセリングの枠組みを周知させる工夫として，定期的に管理職との確認

や親や保育者への明示も重要となるのです。

たとえば筆者の場合，もちろん精神病理に関することはクリニックを紹介しますし，会社などでの人間関係のこじれについては産業カウンセラーを紹介します。しかし，子育ての過程で生じる過去の成育歴であったり，子育てをめぐる夫婦関係の問題などは，子育てに関連することでもあるので，ある程度取り扱いながら，必要に応じて他機関，たとえば子育て支援センターや母子支援施設などを紹介します。

次に親を対象とした予防的な試みについて考えてみましょう。保育カウンセリングは，何か問題が起こったときに対応するのみでなく，問題が発生しないように予防的な支援を行うことも重要となります。予防的な支援の例としては，相談室発行のおたよりを通して子育てに関する知識を伝えたり，送迎中の親との何気ない会話の中で子育ての話し相手になったり，勉強会や講演会を実施して，専門的知識を伝えたりすることなどが挙げられます。筆者自身の子育てを振り返ってみても感じることですが，誰かに子育ての愚痴を聞いてもらいたい，けれど身近な人には身内のことを言いづらいという場合があります。そんな時に，生活空間の中にある身近な保育園で，顔なじみの保育カウンセラーに守秘義務の中で気軽に相談できたら，問題をため込んで大きなストレスとなる前に対処することができるのではないでしょうか。問題が大きくなる前の相談相手に保育カウンセラーがなるためには，いわゆる心理相談という色を全面にだすのではなく，気軽に寄ってねというムードを醸しだすような，保育カウンセラー自身の雰囲気や相談室の雰囲気が大切です。

③保育者への支援
子どもに関するコンサルテーション

保育者を対象とした相談活動は，子どもの問題や親の問題に対して，理解を深め，保育者が適切に対応できるように支援していくことを目的とします。

はじめに，子どもに関するコンサルテーションについて見ていきましょう。たとえば，集団行動ができない子どもの行動で保育者が困っていた場合，保育カウンセリングでは，保育カウンセラーが子どもの様子を行動観察し（親の合意が得られるのであれば，発達検査なども行う），どのような場面でなぜ集団行

動ができにくいのかをアセスメントします。このアセスメントの結果に基づいて保育者に助言，アドバイスをすることとなるわけですが，ここでの留意点は，対象となっている保育現場の保育のこだわりを踏まえたうえで，助言やアドバイスを行うことです。たとえば，ある園では，シュタイナーの教育内容，ある園ではモンテッソーリの教育内容，ある園ではフラッシュカードやITによる教育内容を重視しています。筆者の勤務している園は，子どもの五感や生の体験を重視しているため，日常保育の中では，文字や刺激の多いキャラクター，鮮やかな色，プラスチックなどは一切使用しません。ですので，子どもの対応や環境調整について助言する場合は，文字やプラスチックのおもちゃを用いた工

トピック6　絵からのメッセージ

子どもたちの描く絵

　子どもたちが楽しく絵を描いている姿はよく見かけるものです。子どもたちにとって絵を描くということはどのような意味があるのでしょうか。まず挙げられるのは，子どもたちは絵を描くこと自体をとても楽しんでおり，自分の内面に潜んでいるエネルギーや気持ちを表現しているということです。この中の多くはことばにできないものであるといえます。

　それでは，幼い子どもたちはどのような描画の発達をたどっていくのでしょうか。描画の第一歩はなぐり描きです。大人から見て，ただのなぐり描きに見えても，子どもにとっては一生懸命に描いていますし，実際にはいろいろなものを意味していることも少なくありません。また，2～3歳頃までに，ぐるぐる描きやらせん描きを経て，円や線状を含むさまざまな絵を描いていきます。そうしてから，人物の絵や乗り物の

図　子どもの描画の例
左：頭足人画（筆者が模式的に作成）　右：樹木画の例（6歳女児）

夫内容についてのコメントは控える必要があります。このように各保育現場のこだわりを尊重しながら助言をすることで，保育カウンセラーと保育現場との信頼関係が形成されていくのです。

具体的に，保育現場の教育方針にそったコンサルテーションの例を見ていきましょう。

A保育園の保育カウンセラーへ5歳児のB子のパニックに関する相談がありました。行動観察の結果，B子はいつもとは違う一日のスケジュールの時に行動の切り替えが難しいことが明らかになりました。この場合，B子に一日の見通しがもてるよう支援することが求められ，そのことをそれぞれの園の保育方

絵など興味関心に応じてさまざまなものを描くようになります。人物画の場合，その初期において，「頭足人画」という胴体が省略されている絵が見られることもしばしばあります（図左側）。幼い子どもたちにとって目につくのは，顔や手足ということを物語っているようです。

子どもたちの絵からのメッセージ

一方，子どもたちの絵は，子どもたちのさまざまな思いを理解していくための手がかりを与えてくれることもあり，保育カウンセリングの場面でも，時折用いられることがあります。このような場合，心理アセスメント（トピック5参照）として描画を用いていくことがあります。絵を描いてもらうことに対してはあまり抵抗が感じられず，子どものありのままの姿が反映されやすいといえます。

子どもを対象にしたものによく用いられるのは，木や人物の絵を描いてもらうものです。木は，子どもたちにとっても身近であり，いわゆる樹木画は環境への適応の様相を表すことが示されることが多いです（図右側）。また，人物画では，発達の様相をみていく場合にも用いられることがあります。さらには，家族の絵を描いてもらう家族画も用いられます。中でも，「何かしているところ」を描いてもらう「動的家族画」は，より子どもの生活に密着した絵になります。描画法は，一見利用しやすい面がありますが，非常に奥が深く，その解釈には熟練が求められます。もちろん，アセスメントとして描画を用いる場合，子どもの気持ちを尊重して描画を行ってもらうなど，倫理的配慮を行っていくことが必要です。

1枚の絵から

このように，自由な遊び場面としての描画であるにせよ，アセスメントとしての描画であるにせよ，子どもが描いた絵からは，子どもたちのさまざまな状態が反映されてきます。1枚の絵で安易な判断をすることは厳に慎まなければなりませんが，1枚の絵から多くのメッセージが発せられているのも事実であり，子どもたちの内面を読み取っていく手がかりとなっています。

（坪井寿子）

針や教育方針などを考慮しながら保育者に伝えていくことが必要となります。たとえば，文字などが導入されている保育現場であれば，一日のスケジュールを黒板などに書いておき，子どもと保育者が朝一緒に一日の流れを確認します。また，それぞれの活動時間の前に子ども自身が文字を読みながらスケジュールを確認できるような声かけを保育者にお願いするかもしれません。いっぽう，文字の導入が禁止されている保育現場では，朝一日の流れを具体物や動作模倣などを用いて子どもたちに説明し，活動が切り替わる前には，個別に声をかけ，次に何をするのかを考える時間を保証してもらえるようお願いするかもしれません。このように最終的には「見通しをもつことができる」ことを目的としながら，その方法に関しては園の方針に沿った形で提案していきます。

以上のように保育カウンセラーは，保育現場の保育方針や教育方針を尊重する姿勢が求められるのです。その際，たとえ保育現場の保育方針や教育方針に疑問を感じることがあったとしても，保育カウンセラー自身の保育観や子育て観を一方的に押し付けるのではなく，まずは保育現場の保育方針を尊重しながら，その中で工夫できる点は何かについて考えていく姿勢が大切となるのです。

親に関するコンサルテーション

次に，親に関するコンサルテーションについて考えてみましょう。学校現場ではモンスターペアレントという用語が流行するほど，親への対応に苦労している面が注目されていますが，それは保育現場でも同様です。もしかすると小学校・中学校・高校などの学校現場よりも親への対応は難しい側面があるのかもしれません。なぜならば，他の現場と比較して，子どもがより親の保護の下にあるため，親は子どもと同一化しやすくなる傾向が高いのです。たとえば，1歳児同士のかみつきによるトラブルの例を挙げてみましょう。1歳児のかみつきの多くは，発達上自我が芽生えてきて，子どもの要求が明確になり，その要求を相手に言葉で伝えたいがうまく表現できないため，ついつい手が出る，口が出るとなってしまうのです。親によっては，かみつきが起こった前後の状況や子どもの発達状況を踏まえずに，すぐに自分の子どもが「いじめられた」と被害的にとらえてしまう場合があります。さらに，子どもの「いじめられた」という経験に対して，親自身の「いじめられ体験」までをも思い出してしまい，過去のネガティブな思いを保育者にぶつけてくることもあるのです。

このように親との関係性を形成することが難しい側面もあるいっぽう，保育現場は，他の現場と比べて親との信頼関係が築きやすい側面もあります。なぜなら保育現場は，子どもの送迎を通して毎日親と顔を合わせることができるので，親や子どもの家庭での様子が把握しやすいのです。筆者の大好きなことばですが，「子どもがゼロ歳の時は，親もゼロ歳」なのです。親の焦りや不安，またはその裏返しである知的防衛などをコミュニケーションのチャンスとしてとらえ，どのように親を受けとめ，どのように返していくことができるかなどを保育者とともに考えていきます。

親とのコミュニケーションで大切な点は，保育者自身の子育て観を一方的に押し付けるのではなく，親の子育ての大変さに共感しながら，親に対して温かいまなざしを向け続けていくことです。そのためには，保育者自身の子育て観や家族観の意識化が重要となります。保育者が親に温かいまなざしを向けてもらえるよう，まずは保育カウンセラーが保育者の大変さを受けとめ，共感的な理解を示します。そして保育者自身が，どのような子育てや保育を目指しているのかを意識化および言語化していきます。保育者自身の保育のこだわりを保育カウンセラーが受けとめることで，保育者も親の子育てのこだわりを受けとめることができるようになっていくのです。

以上，本節では，保育者への支援の中心となる子どもや親に関するコンサルテーションについて述べてきました。その他にも保育者への支援としては，危機介入や他機関との連携，保育者のメンタルヘルス向上への介入などがあります。危機介入については第6章で，メンタルヘルスについては第8章で詳しく見ていくこととします。

④地域を対象とした相談活動

地域を対象とした相談活動として，表1-1にあえてアセスメントと記載しました。地域を対象としたアセスメントとは，地域の中で，保育現場の存在がどのように位置づけられているのか，どのような役割を果たしているのか，保育現場をとりまく地域には，どのような産業，文化，風土があるのか，その中で子育ての環境はどのように整っているのかなどを把握していくことです。たとえば，ある地域では保育園の子どもを家庭教育が受けられない「かわいそうな

子ども」ととらえる傾向がいまだ残っています。保育園に小さい子どもを預ける際，周囲から「子どもがかわいそう」と言われると，母親は働くことや子どもを預けることに対して，批判されていると受けとめてしまい，強い負い目を感じることとなるのです。

いっぽう，保育園の待機児童が多い都市部では，保育園に子どもを預けるこ

トピック7　「気になる保護者」ってどんな保護者？

東京都A区の90園に実施した調査で，「気になる保護者」の詳細を聞いてみました。

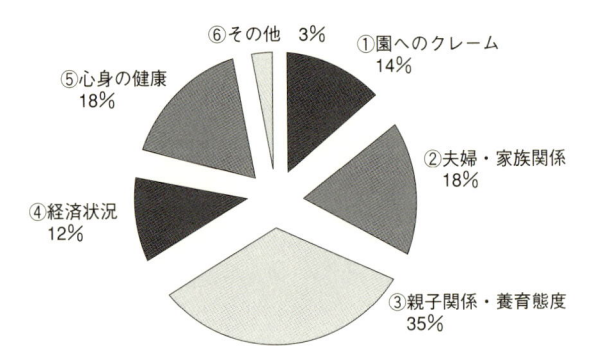

- ①園へのクレーム　14%
- ②夫婦・家族関係　18%
- ③親子関係・養育態度　35%
- ④経済状況　12%
- ⑤心身の健康　18%
- ⑥その他　3%

図1　気になる保護者の分類（藤後ら，2010）

「気になる保護者」の内容を詳細に見てみると，親子関係・養育態度が35％と最も多く，続いて，心身の健康，夫婦・家族関係が18％，次に園へのクレーム，経済状況となりました。

園へのクレームは，3歳児と5歳児が多く，その理由を考えてみると，子ども同士のいざこざが関係しているのかもしれません。3歳児は自己主張が激しくなり，友達とぶつかることも多くなります。また5歳児も子ども同士でいざこざを解決しようとするもののそれがうまくいかず，けんかがこじれることが多いものです。子どもが保護者に友達とのけんかのことを話すときは，自分の思いを中心に話すため，保護者としても子どもの話を信じ，子どもを守るために保育園にクレームを言うのかもしれません。

夫婦・家族関係で気になる保護者は，0歳児ではその数が少ないですが，1歳児からは増えていきます。夫婦関係の発達面から考えてもハネムーン期以降は，お互い遠慮がなくなり，今までの育ってきた価値観が表に出やすくなります。本来の自分が表現されることで，価値観の食い違いなどが表面化されやすく，夫婦間の葛藤が生じるのでしょう。

とを「かわいそう」ととらえる意識は少なからず残っているものの，それとは別によりよいサービス，よりよい保育を求めて保育園選びに奮闘する親の姿もあります。長時間保育を行っている園はどこか，病児保育を行っている園はどこか，また早期教育や自然教育などそれぞれの家庭が理想とする子育てを実現できる園はどこかなど，保育内容を親が主体的に選び，さらにはその保育サー

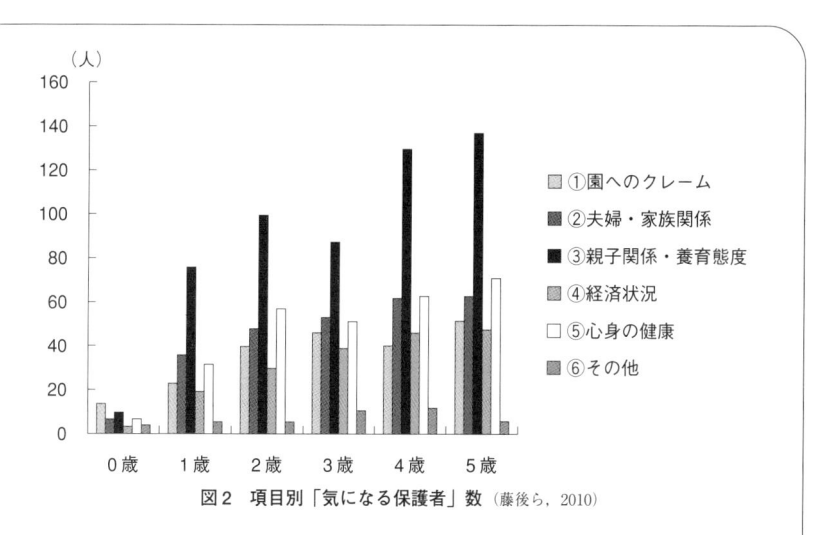

図2 項目別「気になる保護者」数 (藤後ら，2010)

　親子関係・養育態度が気になる保護者は，1歳児から2歳児にかけてその数が増加し，その後3歳児で一度低下し，4歳児以降再度増えていきます。1歳児・2歳児は，自我が芽生え探索行動などが盛んになる時期であると同時に，基本的生活習慣を身につける時期でもあります。子どもは「いやだ」「自分で」と，保護者の思い通りに動かなくなり，ついつい保護者も力で抑えようとします。しかし子どもは，よけいに大泣きするなど，親としてはいらいら感が増幅します。この時期，心身の健康状態が気になる保護者数も増えており，子どもの対応にいらいらし，心も体も疲れ果てている保護者の様子が想像されるのです。

　最後に，経済的状況は，失業や転職による収入の減少であり，心身の健康は，身体的・精神的疾患によるものです。

文献　藤後悦子・坪井寿子・竹内貞一・府川昭世・田中マユミ・佐々木圭子 (2010) 保育園における「気になる保護者」の現状と支援の課題―足立区内の保育園を対象として―　東京未来大学研究紀要, 3, 85-95.

(田中マユミ)

ビスを受けるために引越しをすることさえあるのです。このように保育現場に親が求めるものや保育園を利用する親や子どもに対するまなざしは，地域によって異なるのです。だからこそ，保育現場をとりまく地域性をアセスメントすることが重要となるのです。

さて，地域の特色を把握したら，次にその地域の子育て環境をよりよくするための支援内容を検討していきます。その例としては，地域向けの子育てのおたよりを発行したり，地域向けの講演会を開いたり，地域の祖父母を対象とした勉強会を開いたりすることが考えられます。

祖父母を対象とした勉強会では，今の子育て知識と昔の子育て知識の違いを保育カウンセラーという立場で客観的に伝えます。たとえば，代表的な知識の相違としては，妊婦の食事，赤ちゃんのミルク，歩行器の利用などが挙げられます。妊娠中，以前は2人分食べなさいと言われましたが，現在ではなるべく太らないようにと指導されます。また以前は，乳児に厚着，粉ミルク，歩行器が奨励されていましたが，現在では薄着，母乳，はいはいが奨励されています。このような祖父母とのちょっとした意見の食い違いで母親たちは，過度に防衛的になり，祖父母との関係がぎくしゃくする場合もあるのです。そこで，第三者である保育カウンセラーがどちらの立場も受けとめながら客観的な知識を伝えることで，異世代の子育て文化のギャップを埋めていきます。

以上，子ども，親，保育者，地域という対象者別の保育カウンセリングの内容を見てきました。保育カウンセリングの最終的な目標は，個人のカウンセリングにとどまらず保育現場の相談機能を高めることであり，ひいては地域の子育て・子育ち文化を形成することでもあるのです。

(3) 保育カウンセリングで求められる知識

ここでは，実際に保育カウンセリングを行うにあたり，必要となる知識についてまとめてみました。保育カウンセリングで必要となる知識は，表1-2の通り，心理関係，保育関係，福祉関係に分類されます。心理関係では，臨床心理学や発達心理学やその周辺領域などが挙げられます。これらの知識を基盤として子どもや親の様子をアセスメントするのですが，そのためには，各種の発達検査や心理検査の学習も重要です。また検査ができるだけでなく，検査結果を

表1-2 保育カウンセラーに必要な知識

心理関係	保育関係	福祉関係
子どもの発達に関する知識 子どもの障害に関する知識 パーソナリティに関する知識 家族関係や夫婦関係に関する知識 発達検査，知能検査，人格検査に関する知識	保育指針や保育をとりまく動向の理解 保育内容に関する知識 保育学に関する知識	ソーシャルワークに関する知識 家族支援に関する知識 家族観や子育て観に関する知識

読み込んで，わかりやすいことばで他人に説明できることも求められます。

　保育関係では，保育指針に基づいて，どのように保育内容が形成されているのか，各年齢の保育のねらいはどのようなものであるのかなどを理解しておくことが求められます。また，保育学などを通して，常に保育現場の動向を把握しておくことも大切です。

　最後に，福祉関係としては，ソーシャルワークや家族支援に関する知識が求められます。何か問題が起こった際，保育現場のみで解決するのではなく，児童相談所，子育て支援センター，保健センター，病院や助産院などとの連携も求められるため，ソーシャルワーク的な動きや知識も必要となるのです。

　保育カウンセラーを目指す人は，これらの分野を参考にさらに自分が必要と思うもの，自分が専門としたいものに対して，積極的に学習することが期待されます。

(4) 保育カウンセラーの1日

　最後に，保育カウンセリングの具体的なイメージをつかんでもらうため，保育カウンセラーの1日について見ていきましょう。本書では，保育カウンセラーの勤務形態を1つの園に定期的に勤務する場合と巡回相談を行う場合の2つを想定しています。はじめに1つの園への定期的な勤務の場合について見てみましょう。

```
1つの園への定期的な勤務の場合―保育園編―
  9：00        出勤
  9：00－ 9：30  送迎の親と立ち話（簡易面接）
```

```
 9:30－10:30      子どもの行動観察
10:30－11:30      親面接1　または　子どもの発達検査／行動観察
11:30－12:30      親面接2
12:30－13:00      クラスでごはん
13:00－14:00      午前中に観察した子どもの様子について保育者と相談
14:00－15:00      職員室で情報収集や簡易コンサルテーション
15:00－16:00      クラスでおやつを食べながら行動観察/親面接3
16:00－16:45      記録
16:45－17:00      送迎の親と立ち話（簡易面接）
```

親を対象とした個別面接は，比較的午前中が多いのですが，午後のお迎えに来る前の時間にも個別面接が入ったりします。また，子どもの発達検査や行動観察は，子どもの状態がよい午前中を中心に行います。行動観察は，親とのお別れの時（分離の様子），自由遊び，設定遊び，ご飯，ご飯からお昼寝など場面の切り替えの様子等を注意して見ていきます。

保育者とのコンサルテーションは，個別面接として面接時間を設定する場合もありますし，職員室で雑談をしながら子どもの見方をすり合わせる場合もあります。職員室や事務室の雑談の中から得られる情報は，とても貴重なものです。同様の雑談として筆者は，送迎の際の親との立ち話を重視しています。特に気になる親とかかわりをもちたい場合，送迎の時間にその子どもと一緒に遊んでおいて，子どもと筆者の信頼関係を形成したうえで，子どもの話をきっかけにして親に話かけていきます。

次に紹介する例は，定期的な勤務園ではなく，複数の園を対象とする巡回相談の例です。筆者自身は，子どもへの支援を対象とした巡回相談と親面接を主とした巡回相談の2種類を経験しています。巡回対象となる園は，1日1園である場合と，1日2園である場合があります。ここでは，子どもを対象とした1日1園のケース紹介します。

```
巡回相談の1日―1日1園への巡回相談の場合―
10:00             出勤
10:10－11:00      子どもの行動観察
11:00－12:00      子どもの発達検査
12:00－12:30      ごはんを食べながらの行動観察
12:30－13:00      子どもの発達検査
```

13：00－14：00　　保育者と子どもの対応についての相談
帰宅後　　　　　　（報告書作成）

　子どもを対象とした巡回相談の場合，子どもの状態がよいとされる午前中に行動観察および発達検査を行うことが多くなります。そして午前中得られた情報をもとにお昼寝の時間などに保育者と子どものことについて話し合います。巡回相談の場合，保育カウンセラーの雇用先は行政機関となることが多いため，保育者とのコンサルテーション終了後，帰宅して報告書を作成し，行政機関に提出となります。

　以上，本章では，第1節で保育カウンセリングに必要なカウンセリングの基本的知識について述べた後，第2節でより具体的に保育カウンセリングの内容について概観しました。次章より，保育カウンセリングを実践していくにあたり，必要となる家族や子どもをとりまく背景について説明していきます。

引用文献
平木典子（1997）．カウンセリングとは何か　朝日新聞社
岩壁　茂（2004）．効果研究　下山晴彦（編）　臨床心理学の新しいかたち　誠信書房　pp.180-202.
岩壁　茂（2007）．カウンセラー・セラピストの養育訓練　金沢吉展（編）　カウンセリング・心理療法の基礎―カウンセラー・セラピストを目指す人のために　有斐閣アルマ　pp.39-69.
金沢吉展（1998）．カウンセラー――専門家としての条件　誠信書房
國分康孝（1979）．カウンセリングの技法　誠信書房
水島恵一・岡堂哲雄・田畑　治（1978）．カウンセリングを学ぶ　有斐閣
信田さよ子（2007）．カウンセリングで何ができるか　大月書店
佐治守夫・岡村達也・保坂　亨（2007）．カウンセリングを学ぶ―理論・体験・実習　第二版　東京大学出版会
下山晴彦（2007）．カウンセリング・心理療法とは　金沢吉展（編）　カウンセリング・心理療法の基礎―カウンセラー・セラピストを目指す人のために　有斐閣アルマ　pp.107-120.
下山晴彦・丹野義彦（編）（2001）．講座臨床心理学1：臨床心理学とは何か　東京大学出版会
武田　健（2004）．人間関係を良くするカウンセリング―　心理，福祉，教育，保育のために　誠信書房
鑪幹八郎・名島潤慈（編）（2000）．新版　心理臨床家の手引き　誠信書房
玉瀬耕治（2008）．カウンセリングの技法を学ぶ　有斐閣

トピック8　ダウン症児のことばの遅れの保育相談

＜事例　ユキちゃん（4歳2ヶ月）＞
　お話しできることばが少なく，まだ歩けません。VTRは好きなので，母親はずっとVTRを見せていました。食事は一人で食べると衣服や床を汚すので，母親が食べさせていました。面接場面で，言語発達検査絵カードに興味を示し，面接者が言う単語の一部を模倣することができるのを見て母親は驚いていました。

　ダウン症児は筋緊張が弱いので意識して体を動かすように育てなければなりません。元来乳幼児の運動発達は，体の運動と手の運動が密接に関連し合っていますし，手や指の運動と口の運動も関連しています。ですから自分でコップを持って飲むとか，食べ物を自分の手でつかんで食べることがとても大切です。ダウン症児のことばの訓練は摂食訓練がとても大切です。
　ユキちゃんは単語の一部を真似して声を出すことから，聴力は大丈夫のようです。絵カードで遊ぶことから絵の意味をわかっているのです。ユキちゃんはこれまで専門家の指導をほとんど受けてこなかったようなので，運動面・生活面・言語面について専門家の支援を受けながら，身辺の自立をすすめるとともに言語面の理解力と表現力を育て，豊かな成長を支援したいと思います。

(府川昭世)

2

現在の家族が置かれている状況

藤後悦子

1．子育ての現状

　近年の子育てに関する研究により，母親を中心とした子育ての限界が明らかになってきました。1990年代より母親の子育て負担感や子育て中に生じるイライラ，不安，焦りなどを「育児不安」ということばで表すようになりました。この「育児不安」の最たる結果が，虐待だと考えることができます。虐待という家庭内の出来事が社会的に認知されたこととも関連し，子どもへの虐待数は，年々増加の一途をたどっています。虐待防止法や虐待防止への啓発活動，子育て支援などさまざまな施策が行われているにもかかわらず，虐待数が増加しているということは，この問題の根深さを物語っているといえます。いまや虐待は，ある特別な家族に起こるものではなく，誰にでも生じうるものだととらえる必要があるのです。

　それでは，ここで子育てに関するデータを見てみましょう。図2-1は，平成13年度の国民生活白書（内閣府，2001）から引用したものです。「育児に自信がなくなる」という質問に対して，「よくある」と「時々ある」を合わせた結果は，共働き主婦が46.7％に対して，専業主婦が70.0％となり，その割合は専業主婦で高いことがわかります。一方，「なんとなくイライラする」という質問に対しては，共働き主婦の86.6％，専業主婦の78.7％が「よくある」および「時々ある」と答えており，多くの母親は，常にいらいらしながら子どもを育てていることがわかります。

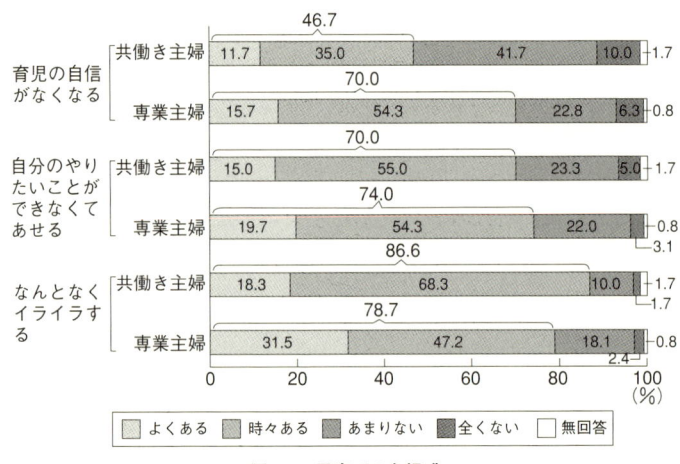

図2-1 子育ての負担感

	共働き主婦／専業主婦	よくある	時々ある	あまりない	全くない	無回答
育児の自信がなくなる	共働き主婦	11.7	35.0	41.7	10.0	1.7
	専業主婦	15.7	54.3	22.8	6.3	0.8
自分のやりたいことができなくてあせる	共働き主婦	15.0	55.0	23.3	5.0	1.7
	専業主婦	19.7	54.3	22.0	0.8	3.1
なんとなくイライラする	共働き主婦	18.3	68.3	10.0	1.7	1.7
	専業主婦	31.5	47.2	18.1	2.4	0.8

（育児の自信がなくなる：共働き主婦 46.7／専業主婦 70.0）
（自分のやりたいことができなくてあせる：共働き主婦 70.0／専業主婦 74.0）
（なんとなくイライラする：共働き主婦 86.6／専業主婦 78.7）

〈備考〉1. 内閣府「国民生活選好度調査」（1997年）により作成。
2. 「お子さんを育てながら次のようにお感じになることがありますか」という問に対する各項目についての回答者の割合。
3. 回答者は第1子が小学校入学前の女性187人。
4. 共働き主婦にはパートタイム労働者を含む。

2．子育てが大変な理由とは

　それでは，育児不安や虐待のひきがねとなるものは，どのようなことが挙げられるのでしょうか。さきほどの内閣府（2001）では，全国児童相談所長会「全国児童相談所における家庭内虐待調査」（1997年）の結果（図2-2）を引用し，虐待の要因を分析しています。それによると，虐待につながると思われる家族の状況は，「経済的困難」44.6％，「親族，近隣，友人から孤立」40.4％，「夫婦間不和」，「ひとり親家庭」，「育児に嫌悪感，否定感情」，「就労の不安定」，「育児疲れ」が20％以上となっています。

　この結果を見て気になることは，経済的困難という，物質的な支援が必要とされる内容と，孤立，不和，嫌悪感などという心理的な支援が必要とされる内容が両者ともに上位に含まれていることです。つまり虐待が生じる家族とは，子育てに関するハード面もソフト面も困難性を有しており，ゆきづまり状態となっているのです。

2. 子育てが大変な理由とは　45

```
経済的困難              44.6
親族，近隣，友人から孤立    40.4
夫婦間不和              28.6
ひとり親家庭             27.8
育児に嫌悪感，拒否感情     24.6
就労の不安定            24.2
育児疲れ               21.8
他の家族間の葛藤        13.8
劣悪な住環境           12.6
その他                12.4
特になし               3.1
```
　　　　　　　　　　　　　　　　　　　（％：複数回答）

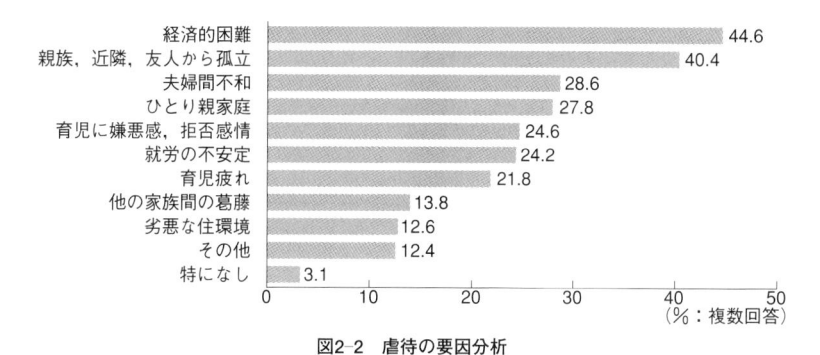

図2-2　虐待の要因分析

〈備考〉1. 全国児童相談所長会「全国児童相談所における家庭内虐待調査（1997年）により作成。
　　　2. 虐待につながると思われる家庭の状況について，全国175の児童相談所における調査結果
　　　　（複数回答）。
　　　3. 対象は被虐待児童1,502例。

　それでは，はじめに経済的困難について考えてみます。経済的困難とは，不況で仕事がないという状況もありますが，仕事に就きたくても子どもを預かってもらえる場所がないという問題もあります。子どもの預かり場所として期待される保育園ですが，保育園に関しては親として以下の2つの悩みにぶつかることが多いようです。

(1) 保育園に入ることへの2つの悩み

　保育園を利用しながら働こうと決めた場合，直面することが多い第一の悩みは，「保育園に入れない」という現実です。そしてもう1つの悩みが「3歳児未満の子どもを母親以外の人が育てること」への葛藤です。

①保育園に入れない！

　まずは，「保育園に入れない」という現状を見てみましょう。日本全国を見た場合，地方の保育園では，少子化で定員割れという状況がすすんでいます。そのいっぽう，大都市を中心とした74市区町村には，待機児童数の70％が存在しており，平成19年4月の全国の待機児童数は1万2926人といわれています。その中でも0歳から2歳までの待機児童数が全体の約70％を占めています。この狭き門である乳幼児を保育園に預けるためには，いくつかの基準をクリアすることが求められます。たとえばある市の場合，保育園の入園は，入所基準調

整指標が点数化されていて，居住外労働の常勤職の人や精神的・身体的な緊急度が高い人が高得点を得て優先されることとなっています。この指標の問題点は，すぐにでも常勤職につきたいと思っている経済的困難を抱えた人たちの入所基準調整指標が低い点数となってしまうことです。つまり常勤職を得るためには，子どもの預け場所がないと就職できず，その預け場所を確保するためには，常勤職でないと入園が難しいというような悪循環があるのです。

②小さい子どもを預けるのは……

さて，運よく保育園に入園できたとしても，次の悩みは「母親である私が育てなくてもいいのかしら……」という心の葛藤です。そもそもなぜ，私たちは小さい子どもを他者に預けることにとまどいを覚えるのでしょうか。このことは，母性神話，三歳児神話，近代家族観が関連しているといわれています。

具体的なエピソードを考えてみましょう。たとえば，ある夫婦が職場結婚しました。たまたま，夫の仕事が転勤となってしまったため，いずれは子どもを産むことが予想される妻が仕事をやめました。そして夫の転勤に合わせて引っ越したので，両方の実家から遠く離れた土地で暮らすこととなりました。新しい土地の生活では，子ども2人に恵まれました。妻は母となり，仕事には復帰せずに子どもが小さいうちは，家庭で育てることとしました。

このようなストーリーはよくあることなので，自分たちの主体的な選択として，子ども2人と夫婦からなる家族が構成されたように思われます。しかしながら，実は私たち自身の主体的な選択とは別の次元で，国の政策として子ども2人と夫婦からなる近代家族，また男が仕事，女が家庭というような性役割分業を推進する制度が整えられていったのです。このきっかけとなった社会状況は，戦後の高度経済成長期といわれています。高度経済成長期に入り，戦後の日本を立て直すために，「国民所得倍増計画」が目標とされ，軽工業から重化学工業へと移行したことで，都市部への人口流出が加速しました。この際，よりよい労働力を確保するために，男性が仕事に集中し，女性がその男性を支えるという性役割分業がとられるようになりました。そして，この性役割分業を支えるための賃金形態，第三号保険料という専業主婦優遇政策，核家族を中心とした住宅整備などが整えられていったのです。さらにこの時期に，ボウルビィ

(Bowlby, J.) の乳児院の子どもたちを対象とした研究による愛着理論が唱えられ，乳幼児は母親の手で育てることが最も望ましいというような社会的価値観が浸透していくこととなりました。

つまり，この高度経済成長期の家族政策を通して，近代家族観，性役割分業観を理想とする家族イメージが人々の中に形成されていったのです。さきほどのエピソードの例ですと，男性の労働を中心とした会社経営，女性の仕事復帰を躊躇させる第三号保険料，母性神話，近代家族観などが彼らのライフプランに何らかの影響を及ぼした可能性が高いです。

また性役割分業観に基づいた近代家族のイメージは，3歳児未満の子どもを保育園に預ける母親の葛藤を高めることとなりました。母親自身が決断して3歳児未満の子どもを保育園に預けようとしても，夫や祖父母，また専業主婦の友達などから「子どもがかわいそう」「そこまでして働く必要があるの」などという声をなげかけられ，自責の念に苦しんでいる母親は多くいるのです。

以上，保育園にまつわる現状を述べてきました。次に，子育ての困難さのソフト面である社会的孤立感について考えてみましょう。

（2）社会的孤立感

子育ての大変さが虐待につながる2番目の要因としては，「親族・近隣・友人からの孤立」が示されました。社会的孤立感は，核家族として子育てをスタートさせた場合，多くの人が感じることとなります。

筆者の場合を振り返ってみましょう。筆者は，大学院の1年生（当時24歳）で子どもを産み次の年を1年間休学して子育てに専念しました。その当時，筆者は子育てに関してとても興味をもっており，子育ては待ちに待った楽しい時間となるはずでした。たまたま夫の仕事の関係から大学の近くの住居を離れ，横浜に住むこととなりました。筆者の実家は福岡県，夫の実家は愛知県であったため，典型的な核家族としての子育てが開始されました。乳児を抱えての新しい土地への引越しに対しても不安は感じておらず，むしろ新しい生活への期待感が高かったのを覚えています。

しかしながら，乳児を抱えての生活は思った以上に大変でした。引越しをしたことで，子育てを始める前に築いていた生活のネットワークが切れてしまい

ました。新しい土地でもう一度，生活のネットワークを築く予定でしたが，それがなかなかうまくいきませんでした。乳児がいるという物理的制約のため，人との出会いそのものも急激に減少してしまいました。当時は，まだ子育て支援というものがスタートしたばかりであり，筆者の場合，子育て支援施設や子育てサークルは，ソーシャルサポートとしての機能を果たしませんでした。

　子どもへの接し方に関しては，保育現場での勤務経験や臨床の経験があったために難しさは感じていなかったのですが，最も苦しかったことは，大人との会話ができなかったということです。保育現場の勤務では，数名の大人で集団の子どもを見ていたので，子どもの保育を行いながら大人同士でちょっとした会話ができたのです。このちょっとした大人同士の会話が，どれほど精神衛生上重要であるのかを実感しました。

　筆者の例からも明らかなように，乳幼児を育てながら生活のネットワークを形成していくことは，とても難しい面があります。現在では子育て支援センターや保育園・幼稚園，子育てサークルなどの子育て支援活動も充実してきました。しかし主に母親が24時間子どもを世話し，自分の時間をもてない現状はいまだそれほど改善していません。このことは，母親の社会的な孤独感を高めることとなり，その結果，虐待要因の上位に社会的孤立感が上がってきたのでしょう。

　このように子育てに伴う孤立感は，母親（父親）を追い詰めてしまうという

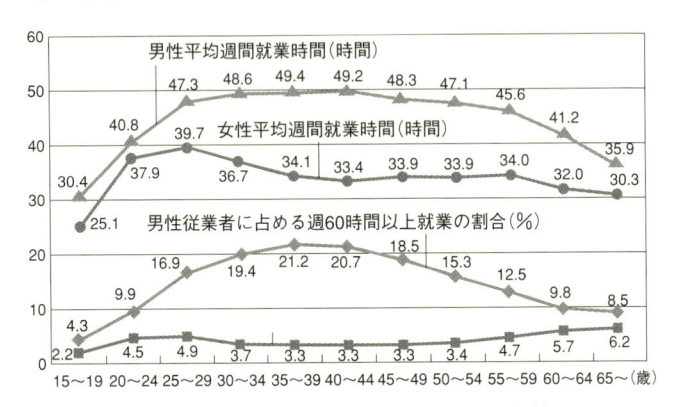

図2-3　労働力調査の結果（総務省，2007より作成）
注：休業者を除く。

ことについては理解していただけたと思いますが，同時に子育てそのものの負担感についても見逃せません。平成19年版国民生活白書（内閣府，2007）で子育ての負担感に関して行った調査の結果では，子育て・家事分担の実態として，専業主婦の場合，妻8：夫2，妻9：夫1という世帯が過半数を占めていることが明らかになりました。

　母親のみに子育ての負担が偏っているという実態は，「女が子育て，男が仕事」という性役割分業観の浸透以外にも，男性が置かれている雇用環境による影響が大きいのです。総務省（2007）の「労働力調査」の結果（図2-3）を見てみますと，子育ての中心となる30歳代と40歳代の男性の長時間労働が顕著となっています。生産性重視の労働環境では，責任ある仕事が若手である30歳代に集中するようになっており，その良質な労働力としての男性を支えるかのごとく，妻である母親がほぼ1人で育児を担っているという実態があるのです。

トピック9　つなぐ・つなげる・支援の輪
―子育て支援センターでの事例から―

　夫に付き添われ，生後1ヶ月のAちゃんと子育て支援センターに来所したB子さん。重度の産後うつと診断され，保健センターの紹介で来ました。Aちゃんが泣いても彼女の瞳は宙を見つめたまま。その日から毎日，B子さんはやってきました。夫は朝，妻と子をセンターに置いて出勤。B子さんには臨床心理士が寄り添い，Aちゃんには保育者がつきました。ある時，泣いているAちゃんを見て臨床心理士が「赤ちゃんてよく泣くね。大変だよね」とつぶやくと，それまで無表情だったB子さんが突然口を開きました。「急にお母さんなんてなれないよ」目には涙が浮かんでいました。その日を境にB子さんは少しずつ変わり始めました。センターに来る他の子どもたちに興味を示すようになりました。そして，ある日泣き出したAちゃんを，自分からあやしたのです。数ヶ月後，愛しそうにAちゃんを抱き，B子さん夫婦は地域の保育園へ支援センターから巣立っていきました。

（柳瀬洋美）

3. 子どもへの過剰なエネルギー

　社会参加が難しく日常の多くの時間を子どものために費やしている母親にとって，子どもへの関心が必要以上に高くなることは当然のことかもしれません。柏木（2008）は，『子どもが育つ条件』という本の中で，「先回り育児」の加速化を指摘しています。柏木（2008）によると，現在親は子どもを「授かる」のではなく「つくる」選択を用います。そのことにより，「つくった」子への思い入れは強くなり，親の「先回り」育児がさらに加速される傾向にあると説明しています。

　また子どもの数が少なくなった分，親の子どもへの心身エネルギーの投資が増加しており，特に現在の家族の機能は「養育」や「社会化」のみではなく，子どもが「良く」育つことを目標とした「教育家族」を求められています。この「教育家族」としての責任は，子どもと時間を費やすことが可能である母親に重くのしかかってきます。子どもの評価はまるで母親自身の評価として感じてしまうほど，母親は子どもと一体となってしまい，その結果，子どもを1つの人格として認め，子どもの自立に必要な子離れのタイミングを踏み外してしまう危険性もあるのです。

4. 子育ての難しさを乗り越えて

　それでは，このような過度の「教育家族」にブレーキをかけ，バランスの取れた子どもとの距離感や家族関係を形成するためには，何が必要となるのでしょうか。この点について，育児と労働のバランスの面から考えてみましょう。

育児と労働のバランス

　現在さまざまな企業や行政で子育てを優先するような時短，看護休暇，充実した育児休暇などが検討されるようになってきています。しかしながらこれらの制度の恩恵を受ける層は，大企業や公務員など子育て家庭のほんの一部であり，偏りが生じているといえます。これらの制度の問題点としては，利用者が

4. 子育ての難しさを乗り越えて

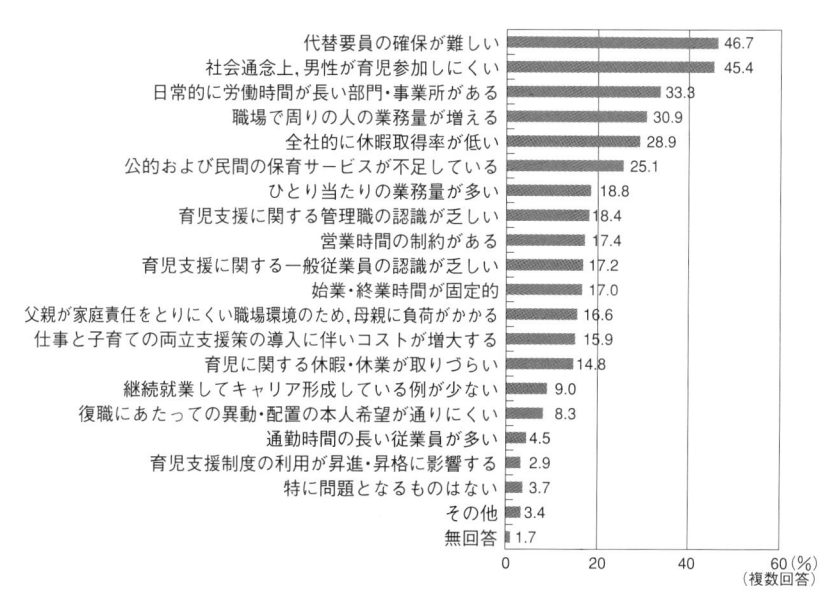

項目	%
代替要員の確保が難しい	46.7
社会通念上，男性が育児参加しにくい	45.4
日常的に労働時間が長い部門・事業所がある	33.3
職場で周りの人の業務量が増える	30.9
全社的に休暇取得率が低い	28.9
公的および民間の保育サービスが不足している	25.1
ひとり当たりの業務量が多い	18.8
育児支援に関する管理職の認識が乏しい	18.4
営業時間の制約がある	17.4
育児支援に関する一般従業員の認識が乏しい	17.2
始業・終業時間が固定的	17.0
父親が家庭責任をとりにくい職場環境のため，母親に負荷がかかる	16.6
仕事と子育ての両立支援策の導入に伴いコストが増大する	15.9
育児に関する休暇・休業が取りづらい	14.8
継続就業してキャリア形成している例が少ない	9.0
復職にあたっての異動・配置の本人希望が通りにくい	8.3
通勤時間の長い従業員が多い	4.5
育児支援制度の利用が昇進・昇格に影響する	2.9
特に問題となるものはない	3.7
その他	3.4
無回答	1.7

図2-4 育児と労働の両立の難しさ（内閣府，2008より）

主に女性であること，子どもが小学校に入った時点で，制度の恩恵が急激に減少することなどが挙げられます。また，女性を中心とした子育て支援の制度は，結局のところ女性が，仕事・育児・家事のすべてを担うことを社会的に支える結果となり，ジェンダーの拡大再生産を行っているともとらえることができるのです。

それでは，なぜ男性が制度を活用できないのでしょうか。平成20年版少子化社会白書（内閣府，2008）では，実際に育児と労働の両立支援制度の活用が難しい現状を報告しています（図2-4）。両立支援が活用しにくい点としては，「代替要員の確保が難しい」（46.7％），「社会通念上，男性が育児参加しにくい」（45.4％），「日常的に労働時間が長い部門・事業所がある」（33.3％），「職場で周りの人の業務量が増える」（30.9％）といった回答が多くなっていました。しかしながらこれは，そもそも制度を利用することで，職場の業務遂行に支障がでるような体制であることが問題であり，根本的な労働体制の改革こそが急務なのです。

> ### トピック10　親の子育てへの消極的感情
>
> 「子どもがかわいくない」「子育ては負担だ」という母親は結構いるものです。新婚生活をもっと楽しみたかったのに子どもができてしまったとか，仕事がうまくいき始めてこれからという時に妊娠したとか，付き合っている男性の性格や行動に納得がいかず別れようと思っていた矢先に妊娠していたなど，理由はいろいろですが望まない妊娠を経験する女性は少なくありません。
>
> また待ちに待った赤ちゃんが生まれてみると大変な障害をもっていたという場合もあります。母親は天国から地獄へ突き落されたような感じで，頭が真っ白になり，他の家族のことを考える余裕もありません。
>
> 最近は出生前診断が可能となり，胎児に重大な障害があることを前もって医師から知らされることがあります。そのことを承知して生む女性と，さんざん迷った挙句，産まないことに決めた女性もいます。
>
> 障害がだれの目にもはっきりとわかる子どもと，障害なのか個性なのか判別しにくい子どももいます。判別しにくい場合，親がわが子を受容することは容易ではありません。
>
> 親の子育てへの消極的感情を生みだすものに次のものがあります。
>
> ① 望まない妊娠
> ② 子育てより読書・家事・仕事をしたい
> ③ 障害をもった子どもを育てる
> ④ 夫婦・家族関係の軋轢
> ⑤ 母親の心身の状態
>
> （府川昭世）

5．家族の成長を目指した保育現場の活用

現在，専業主婦として子育てをしている約7割が「子育てに自信がない」と答えています。この結果を受けて，今後とも子育てを相談できる場所，子育ての技能を学べる場所として，保育現場の役割が期待されるのです。

たとえば，現在筆者が勤務している保育園では，親子保育体験，子育てサークル，一時保育，心理相談活動など多様なサービスが整っています。筆者が，相談者にすすめる方法は，子どもの様子が気になったり，どのように対応してよいかわからない時には，保育者の技術が観察できる親子体験の利用，ストレ

スの発散が必要な時には，ママ友と愚痴が言い合える子育てサークルの利用，知り合いには話しにくいと思う内容や専門的な知見が必要な場合には，保育カウンセラーの利用，そして最後に自分の時間が必要な時には，一時保育の利用です。このように，保育現場の多様なサービスを複合的に上手に活用することは，とても利用価値が高いといえます。保育現場は，地域の子育て文化や子育て環境を形成するための重要な役割を担っており，この役割を機能させていくためにも，予算の保障や人材の育成に国がしっかりと責任をもつことが求められます。

　最後に，子育てを通した家族の成長について考えてみましょう。柏木・若松（1994）の研究では，親になることによる成長・発達として，「柔軟さ」「自己制御」「視野の広がり」「運命・信仰・伝統の受容」「生き甲斐存在感」「自己の強さ」などを挙げています。このように子どもを育てる側である大人も，子どもとともに成長していくのです。しかしながら，同時に柏木（2008）は，親の成長を保障するために，親も自らの育ちとして主体的に生きる場所が必要であると指摘しています。子育てでは，子ども中心の応答的な環境が求められます。だからこそ，子育て以外の場所で親自身の主体的な環境を用意する必要があると柏木は述べており，筆者も賛同します。

　以上，現在の家族が置かれている状況や今後の方向性について述べてきました。これらを踏まえ，保育現場で保育カウンセラーとしてどのように家族や子どもたちを支援できるかについて，第4章より具体的にみていくこととします。

引用文献

柏木惠子（2008）．子どもが育つ条件――家族心理学から考える――　岩波新書
柏木惠子・若松素子（1994）．「親になる」ことによる人格発達：生涯発達的視点から親を研究する試み　発達心理学研究，5, 72-83.
内閣府（2008）．平成20年版少子化社会白書
　　＜http://www8.cao.go.jp/shoushi/whitepaper/w-2008/20pdfhonpen/20honpen.html＞（平成21年4月3日）
内閣府（2001）．平成13年度国民生活白書
内閣府（2007）．平成19年版国民生活白書
　　＜http://www5.cao.go.jp/j-j/sekatsu/whitepaper/h19/10-pdf/01-honpenindey.html＞（平成22年3月18日）
総務省（2007）．平成19年度労働力調査
　　＜http://www.stat.go.jp/data/roudou/report/2007/ft/index.htm＞（平成21年4月3日）

全国児童相談所長会（1997）.「全国児童相談所における家庭内虐待調査」

参考文献
阿部和子（2003）. 保育者のための家族援助論　萌文書林
金田利子（2003）. "学校教育における普通教育としての『保育教育』を考える" 金田利子（編）育てられている時代に育てることを学ぶ　新読書社　pp.12-33.
柏木恵子（1995）. 親の発達心理学──今，よい親とはなにか──　岩波書店
柏木恵子（2001）. 子育て支援を考える──変わる家族の時代に──　岩波ブックレット555
柏木恵子・糸魚川直祐（1993）. 父親の発達心理学　川島書店
柏木恵子・永久ひさ子（1999）. 女性における子どもの価値──今，なぜ子を産むか──　教育心理学研究, 47, 170-179.
牧野カツコ（1982）. 乳幼児をもつ母親の生活と＜育児不安＞　家庭教育研究所紀要, 3, 34-56.
牧野カツコ（1987）. 乳幼児をもつ母親の学習活動への参加と育児不安　家庭教育研究所紀要, 9, 1-13.
牧野カツコ（1998）. 人間関係を学ぶ場としての家族　佐伯　胖・黒崎　勲・佐藤　学・田中孝彦・浜田寿美男・藤田英典（編）ゆらぐ家族と地域　岩波書店　pp.75-96.
上野千鶴子（1994）. 近代家族の成立と終焉　岩波書店

トピック11　保育園や幼稚園での子育て支援
―保育カウンセラーが活躍できる場面を考えてみよう―

　現在、保育園や幼稚園では、さまざまな子育て支援が行われています。このトピックでは、東京都府中市のわらしこ保育園で行われている子育て支援関連の事業をまとめました。保育現場の子育て支援事業としては、一時保育、園庭開放、親子体験、子育て相談、子育て広場、食事指導、中高生のボランティア受け入れ、異世代交流会などがあります。このような企画に保育カウンセラーが参加することも地域の方と直接かかわることができる機会となります。

　食事の指導：乳幼児をもつ親を対象に、栄養師が離乳食の作り方などを教えます。
　写真（図1）は、保護者や保育者を囲み、栄養師が離乳食の作り方を教え、実際に保護者を交えて離乳食を作り、試食している様子です。
　子育て相談：保育カウンセラーに子育ての悩みなどを相談することができます（図2）。
　親子体験：保育園の通常の保育に親子で参加して、保育者の子どもの接し方や同じ学年の子どもたちの発達の様子などを体験的に学ぶことができます。
　一時保育：地域の家庭が、一時的に保育園を利用して子どもを預けることができます。

図1　食事指導の様子

図2　子育て相談の様子

（藤後悦子）

3 現在の子どもが置かれている状況

柳瀬洋美

1. 子どもに関係する政策の移り変わり

(1) 少子化対策から「子ども・子育て応援プラン」策定へ

　従来，子どもに関する政策は，児童養護や障害児療育など，児童福祉的な観点から特別な支援や援助を必要とする子どもとその家庭を対象としたものが中心でした。

　ところが，1989年に合計特殊出生率（1人の女性が生涯に産む子どもの数）が戦後最低の1.57という数値を記録したこと（「1.57ショック」）がきっかけとなり，国を挙げての少子化政策が施行されることになりました。その代表的なものがエンゼルプラン（1994〜1999年度）と新エンゼルプラン（2000〜2004年度）です。これらは保育関係事業の整備や充実を中心に，夫婦共働き家庭を支援することで出産をためらう女性を減らそうというねらいとともに，地域子育て支援センターの大幅拡充など，子育て家庭全体への支援の取り組みを推進し，社会全体の子育て支援の気運を盛り上げることをねらいとしました。

　しかし結局，その間も出生率の低下は続き，2003年には合計特殊出生率は1.29まで落ちこんでしまいます。

　そうした時代の流れの中で，次世代育成支援対策推進法は少子化対策基本法とともに2003年に成立しました。こちらは，次代の社会を担う子どもが健やかに生まれ，育成される環境の整備を図ることを目的としたもので，地方公共団体や企業の積極的な取り組みを促すものです。

その後，両者は2004年に少子化社会対策大綱（通称「子ども・子育て応援プラン」）としてリンクし，2005年度から2009年度までの5年間に若者の自立や仕事と家庭の両立支援，生命の大切さや家族の役割等についての理解，子育ての新たな支え合いと連帯などに関する具体的な施策内容と目標を設置，概ね10年後を展望した「目指すべき社会」の姿を提示しています。
　これら一連の少子化政策に対し，出生率を上げることばかりにとらわれ質的なものがなおざりであるとの批判もあります。深刻な産科医不足や小児科医不足など，安心して子育てをしていくうえで早急に対策を考えていかなければないない課題は山積しています。今後は深刻な現状を踏まえ，質の向上に目を向けた具体的な政策の一刻も早い整備が望まれます。

(2) 子どもたちの幸せのために──児童福祉法と児童虐待防止法
　児童福祉法は戦後まもない1948年に施行され，敗戦後の貧困と混乱のさなか，次代の社会の担い手となる子どもたちを保護し，健全な育成と福祉増進を基本理念に掲げてきました。それから50年以上の時を経て，1997年に大幅な改正がなされました。そこには，近年の少子化の進行や，共働き家庭の増加，離婚などによる家族形態の多様化，地域社会の子育て力の低下など，児童福祉に関する問題が複雑かつ多岐にわたるようになり，従来の福祉法では対応が難しくなってきたという背景があります。この大幅な改正以降，少子化対策の一環である子育て支援対策も含め，特定の状況にある児童に対する福祉施策から，すべての子どもと家庭を対象とした児童家庭福祉施策へと，児童福祉法はその対象を広げていくことになったのです。
　中でも，現代の日本社会で子どもに関する問題としてクローズアップされているのが，虐待に関する問題です。2000年に成立した「児童虐待の防止等に関する法律」（通称：児童虐待防止法）では，児童虐待防止のため，早期発見，通告，立入調査等，国や自治体の責務や関係機関との連携などについて定められており，2004年の改正では，国や自治体の児童虐待防止責務のさらなる強化や通告義務の範囲の拡大，児童の安全確認や確保のための施策整備などが盛りこまれ，併行して児童福祉施設のあり方なども見直されています。
　この他にも，安心して医療を受けられるための母子保健事業や，障害児療育

関連事業の充実など，今ここに生きる子どもたちの幸せ，そしてその子どもたちが大人になった時，安心して子どもを生み育てられる社会を作るため，まだまだ取り組むべき課題はたくさんあります。

トピック12　子育て支援ネットワークと子育て支援マップの作成

子育て支援ネットワーク

地域には子どもと家庭にかかわるさまざまな機関があり，それぞれに独立した専門性と役割をもっています。いっぽう，子育てに関するニーズは実に多様で，抱える問題によって，支援機関が複数にまたがるケースも珍しくありません。

支援を必要とする家庭の状況に応じ，これらの機関が互いに連携しあうことで，より多角的な視点からその家庭の問題をとらえ，必要かつ適切な支援を行うことができます（図）。

スムースな連携をとるためにも，各機関は情報交換やネットワーク会議などを通じ，日頃より信頼関係を築いておく必要があります。

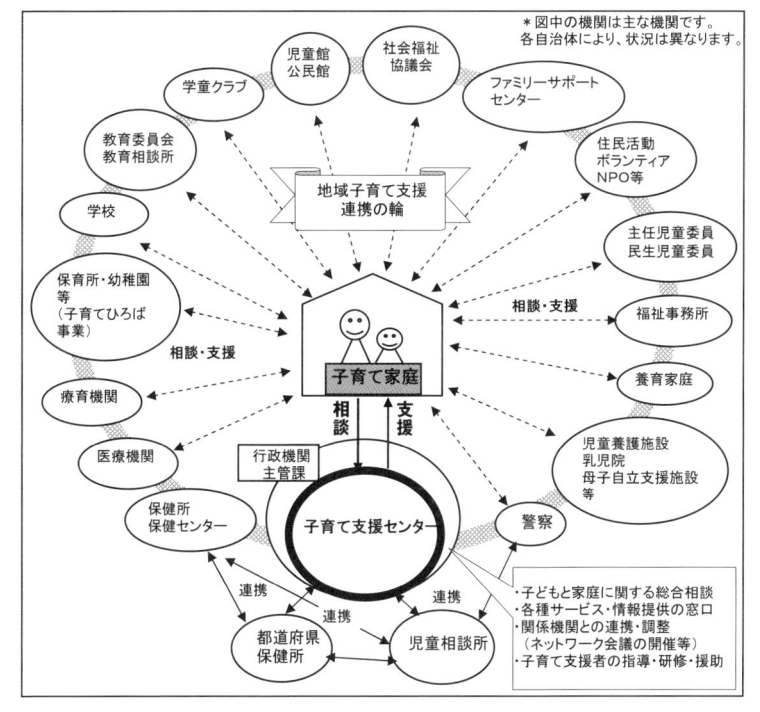

地域子育て支援ネットワーク図（例）

子育て支援マップの作成

　子育て中の家庭にとって役に立つと好評なのが子育て支援マップです。自分が住んでいる地域のどこに何があるのか，たとえば「段差が少ない」「授乳やオムツを交換する場所がある」「子ども向けのサービスがある」など，当事者にとって身近な視点による情報が地図上に書きこまれており，ひと目見ればわかりやすいような工夫がされています。近年では，それぞれの自治体や特定の鉄道沿線など交通の便に合わせた「お出かけマップ」など，いろいろなニーズに合わせたマップが作成されています。

　また，作成に当たって自治体がバックアップする形で，実際に子育て中の親が集まり，手作りで定期的に作成するところも増えています。こうした活動は，マップの作成過程を通じて参加者同士が交流を深め，子育てに関する苦労を共有するなど，作成作業そのものが子育て支援の一環ともなっています。

(柳瀬洋美)

2. 現代社会と子どもたち

(1)「現代社会の変容」と子どもたち

　子どもは，大人を，そして社会を映す鏡といわれます。現代社会の変容は子どもたちにどのような影響を及ぼし，子どもたちはその姿を通し，どのようなメッセージを社会に発信しているのでしょうか。

　菅井（2001）は，現代の子育て不安に影響を及ぼしているものとして，親世代の「現実体験の希薄化」と「知育偏重の教育」で育ってきたことを挙げています。また，柳瀬（2003）は，現代の親世代が自分優先で育てられてきており，生活スタイルが個人主義的であることから生じるストレスが子育てに及ぼす影響について論じています。

　これらはそのまま，子どもたちの心と体の成長にも影響を及ぼしています。

　現実体験の希薄化は，子どもたちが自分自身の心と体で感じ，考える機会を奪い，現実感そのものの希薄化へとつながっています。

　知育偏重傾向は，親自身が子育てに成果や達成感を求めることにつながり，子どもは「より早く」「より上手に」できることを求められ，その子自身のペースで育つことが許されにくい状況となっています。

　また，自分優先で育った親世代にとって，子どもに合わせて自分の生活スタイルを変えること自体がストレスとなる場合も多く，こうしたこともまた，子

どもに合った生活スタイルが確立されにくい要因となっています。

さらに，もう1つ現代社会の変容として，ひと昔前とは比較にならないほどの情報量の多さが挙げられます。人と直接かかわることなく大量の情報が得られる現代社会は，便利さと引き換えに人間関係を希薄なものとし，結果的に，「情報があってもどうしていいかわからない」という社会の中での「孤立感」を生み，自らの存在を不確かなものにしてしまいました。こうした状況は大人のみならず子どもたちの世界においても他者とコミュニケーションをとるうえで，また対人関係の発達そのものに，深刻な影響をもたらしています。

(2) メディアと子どもたち

近年，情報化社会の象徴でもあるテレビやビデオ，ゲームといった映像メディアが子どもの成長に与える影響が懸念されています。ことばの遅れや表情が乏しい，親と視線を合わせない，などの乳幼児にみられる症状の要因の1つとして，映像メディアの長時間視聴が指摘されています。米国の小児科学会では1999年，こうした映像メディアが子どもたちの健康障害を引き起こす危険性を指摘し，メディア教育の重要性に関する勧告を出しました。日本でも，2004年，日本小児科学会が乳幼児期（特に2歳以下の子ども）のテレビ視聴について提言を行い，長時間の視聴が発達にもたらす危険性について警鐘を鳴らしました（日本小児科学会子どもの生活環境改善委員会，2003）。

他方，現代社会において映像メディアはすっかり日常生活に定着しており，テレビ・ビデオの視聴が親自身にとっての息抜きであったり，また，核家族社会においては，家庭内で日常的に頼る者のない親にとっての，育児の手助けとなっていたりする面もあります。「あまりテレビやビデオに頼りすぎてはいけないのはわかっているが，自分一人だけでは洗濯物を干すこともままならない」と途方に暮れる親が少なくないことも事実で，一方的に映像メディアを排除するべきとは安易に言いきれない状況もあります。

また，こうしたメディアを通して親子で情緒的なコミュニケーションを楽しみ，しつけや教育に役立てていると考える親たちもいます。

しかし，しつけや教育についていえば，そうしたメディアを役立てるのは親であって，子どもにとっては実際場面での人とのかかわりあいや，たとえ未熟

であっても親自身が正面から向き合ってくれることの方がしっかり心と体に届くのではないでしょうか。

　乳幼児自身が視聴のあり方やバランスをとるのは困難です。したがって，大人が長時間視聴の問題性をしっかりと認識し，責任をもって考えなければなりません。少なくとも長時間の映像の垂れ流しや，人と人とのかかわりが不在となるような事態は避けるべきでしょう。

3．子どもの生活環境

(1) 生活環境とは

　みなさんは生活環境ときいて何を思い浮かべますか。一口に生活環境といっても，大きく自然環境を思い浮かべる場合もあれば，今住んでいる身近な地域社会を思い浮かべる場合，さらにはそこに生活する人々や，家などの人工の建造物を思い浮かべる場合もあるでしょう。レヴィン（Lewin, K.）は，環境をとらえるうえで，生活空間（生活の場）という考えを提示し，生活空間はそこに生活するものと環境との相互依存関係から成り立っているとしました。

　そこで，日常生活という観点から，生活環境を人間の行動との対応関係でとらえてみると，人や生活スタイルなどの「社会的環境」と，家など建造物のような「物理的環境」，そしてそれらを大きくとりまく自然などの「地理的環境」という，大きく3つの環境にわけて考えることができます。これら3つの環境が，そこに生活する主体である人と相互にかかわりあいながら生活空間が形成されるわけです。このうち，「社会的環境」には人や生活スタイルの他に，社会の価値規範や文化など，目に見えなくても非常に重要なものが多く含まれています。

　また，自分という存在が他者にとっては環境ということにもなるわけです。

(2) 子どもにとっての生活環境

　それでは，子どもたちのすこやかな成長のために，どのような生活環境が望ましいのでしょうか。

子どもたちにとって，最も身近で大切な基盤となる生活環境として，まずは「人とのかかわり」について，次にどのように日々の生活を送るかという観点から「生活スタイル（生活リズム）」について，最後にどのような場所で過ごすのかという観点から「生活空間」について考えたいと思います。

① **「人とのかかわり」と子ども**

　子どもにとって，さまざまな人とのかかわり，とりわけ身近に接する家族や保育者とのかかわりが大変重要であることはいうまでもありません。子どもたちが成長し発達していくうえで，安定した身近な他者との関係や情緒的であたたかな結びつきは，その後の人生において重要な意味をもちます。

　生まれて間もない小さな命は，他者に依存しなければ生きていくことができません。この時期，安心して他者に依存できるという体験は，人といることの心地よさ，安心感，基本的な信頼感へとつながります。そして，これらすべてが自分が生きることへの肯定感へとつながっているのです。

　したがって，家庭においても保育の場においても，まずは自分という存在がありのまま受容されるという体験が必要なのです。

　この他，「人とのかかわり」は，ヒトが人として社会で生きていくうえで必要な価値規範の形成や，文化の伝承にも深くかかわっています。

　お互いが気持ちよく生きるためのルールやマナーを人とかかわる中で身につけていく他，心豊かに生きることを楽しむために，折々の季節や人生の節目に関する行事・活動，また伝統文化といったものを日々の生活や保育場面に取り入れていきたいものです。

② **「生活スタイル」と子ども**

　生物はみな生きることに適した生活リズムの中で生きています。それは人も同じであり，とりわけ，成長・発達のめざましい乳幼児期においては，成長ホルモンの分泌など体内環境という点からも，十分な睡眠と生体に最適な規則正しい生活リズムが保障されるということは大変重要なことです。

　しかし，近年日本社会においては大人の生活スタイルが優先されがちで，暗くなったら眠り，夜が明けたら起きて活動し，規則正しく食べるという，生物

にとって自然な生活リズムが崩れ，子どもたちにも深刻な問題となっています。

「子どものからだと心白書2004」（子どものからだと心・連絡協議会調査）によると，夜10時以降就寝する子どもが，1歳児で約3割，2，3歳児になると4割強にもなるという調査結果が出ています。さらに，遅くまで起きている間，約3割の子どもがテレビやビデオを視ているとのデータもあり，大人と一緒にそのまま視ているというケースも多いようです。このように就寝時間が遅くなった結果，朝食抜きの子どもが増え，本来活発に動けるはずの日中の時間に活動できる子どもが減ってきているという声が保育の現場でも多くきかれます。

日本の場合，海外と比較して居住空間がせまいため，大人と子どもの生活スペースをわけることが困難で，子どものリズムを守りづらいという事情はあります。父親が残業で帰宅時間が遅く，親子一緒の時間をもとうと思うと，全体に夜型にシフトしてしまうという声もあります。

しかし，乳幼児期の生活リズムの問題が，学童期以降にも影響を与え，心身の不調や思春期以降のホルモンのバランスの崩れにもつながり，不登校の要因の1つにもなっているという説もあるのです

食生活に関しても，大人そのものの食生活の乱れがそのまま子どもたちに影響しているケースが増えてきています。たとえば，保育の現場で保育者が，いつもお腹をすかせている園児について，朝食はどのようなものをとっているのか保護者にたずねたところ，両親ともに朝はコーヒー1杯のみなので，子どもも野菜ジュースのみだが，何か問題があるのかと真顔で質問されことばを失った，というような話を，筆者も相談として受けたことがあります。

昨今，食育の重要性が叫ばれるようになりましたが，睡眠と並んで食事は人が生きていくうえで非常に重要なものです。食事の主目的が生命・健康維持や成長に必要な栄養摂取であることはもちろんですが，バランスのとれた食材をよく噛んで味わって食べる，心豊かに楽しく食事をするというような，どのように食べるのかといった質的なものも大変重要です。いわゆる「キレやすい子ども」の食生活の実情が最近問題として挙げられていますが，体だけでなく心にとっての「食」の意味を改めて問い直す必要があるでしょう。

③「生活空間」と子ども

　生活空間（生活の場）とは，そこに生活する主体としての人と環境とが相互にかかわりあいながら生活を営む場です。子どもたちの心と身体とが育まれていく場でもあります。そこではそれぞれの空間が果たす役割が明確にされ，相互にかかわりあいながら，食べる，眠る，遊ぶ，排泄するなどの日々の生活のひとコマひとコマが尊重されることが大切であり，子どもたちの生活を守ることでもあります。

　しかし残念ながら，現代日本社会に生きる子どもたちにとって，生活環境は厳しいものといわざるをえません。

　すべての基盤となる人との関係が稀薄になり，親子関係・家族関係は大きく揺らぎ，子どもを巻きこんだ犯罪も増加しています。

　大人に合わせた生活スタイル全般の変容は，子どもが子どもに合った生活リズムで生きることを困難にしています。

　文明や技術の進歩は，1つひとつの仕事にかかる時間の短縮を可能とし，安全で清潔な環境を作り上げましたが，そうして得た便利さや快適さと引き換えに，子どもたち自身が未知の世界でさまざまなことを時間をかけて体験するという機会を遠ざけてしまいました。とりわけ「自然」から遠ざかったことで，人によって制御されることのない世界において，自分自身の力で判断し対応するという経験が不足し，その結果，想像力と創造力という，生きていく上で必

身近な自然とともに——「ダンゴムシさん，すてきなおうち作ってあげるね」

要な力の低下を招いてしまいました。

　生まれたばかりの赤ちゃんは，自分ではほとんど動くことはできません。そのかわり，もって生まれた感覚器官（いわゆる視覚・聴覚・嗅覚・味覚・触覚などの五感）を使って，生きるために世界に働きかけていきます。

　見て，聞いて，匂いを感じて，味わって，触れて，五感をフルに活用して自分の生きる世界を心と体で感じ，かかわるという体験が，ヒトが人として心豊かに生きるためには必要なのです。

　子どもたちにとって望ましい環境とは，安心できる人との安定した信頼関係に支えられながら，自分のもてる力すべてを十分に発揮し，自分の生きる世界と自在にかかわることができる場といえるでしょう。

4. 子どもたちの心と体

　乳幼児期の心と体の成長と発達は大変目ざましく，その後の人間発達の基礎となるものです。

　保育に携わる者は，子どもたちの基本的な成長と発達の道すじについての知識を身につけ，それらがもつ意味について，理解しておくことが必要です。

　発達の詳細については第5章で取り上げていますので，ここでは子どもたちの心と体にみる現代の特徴について取り上げたいと思います。

　新生児の身長と体重は，個人差はあっても，昔からそれほど大きく変わっていません。心と体の発達が相互に関連しあって成長していくという，発達の道すじも変わりません。

　ところが近年，その成長と発達にアンバランスさがみられる乳幼児が増えてきているといわれます。そして，そのアンバランスさがもたらす影響は，学童期，思春期へと成長とともにはっきりとした形となって表れてきています。

　確かに，栄養状態の改善とともに，子どもたちの体の成長は早くなっています（発達加速現象）。

　しかし，これまでにも述べてきたように，子どもたちは，人とかかわる中で心も体も成長していくのです。たとえば，人はこの世界に産声とともに誕生し

トピック 13　子どもと自然
―冒険学校のブログより―

　今年も稲刈りの時期となります。山形県は大蔵村の四ケ村の棚田が舞台です。毎年地元の沼の台保育所の園児たちと滝の沢地区のお年寄りたちとやっています。昔ながらの手植えによる田植えと手鎌で稲刈りをして杭がけによる自然乾燥を行います。昨年からは肘折保育所の園児たちも一緒にやるようになりました。園児たちのお父さんやお母さんたちも参加してくれるようになりとても賑やかで楽しい雰囲気になりました。

　田植えと稲刈り，そして収穫祭もやるので一貫した米つくりを実践するのです。だから園児たちにお米を粗末にしないでねなどという必要はないのです。泥んこになって一生懸命に頑張って田植えをしたり雨の中ぬかるみに足を取られながらも稲を運んだりしており，半年かけて苦労の末にお米が取れることを身にもって体験しています。また，収穫祭は江戸時代の初期に使っていた木摺すという籾摺りで籾を摺るのです。

　園児は稲刈り鎌を使うにはまだ危険なので大人が刈り取った稲の束を杭のところまで運ぶ仕事をしてほしいと伝えます。お年寄りや大人の人たちが稲刈りをすると土手で園児たちがガンバレーと大きな声をあげて応援します。しばらくすると稲の束がたまり園児たちも田んぼに下りて颯爽と稲の束を運ぶことになります。2束一緒に運ぶので大変だったと思いますが，一生懸命になって運んでくるので杭に稲束をかけるのが追いつかないほどです。

　すべて刈り終えた後で田んぼの中でかくれんぼが始まります。稲杭の後ろに回ると姿が隠れてしまうので園児たちはそれぞれバラバラに散らばって身を潜めます。でも足が見えるのですぐに隠れているのがわかってしまうのです。姿隠して足隠さずの状態なのです。稲杭をぐるぐる回って見つからないように隠れる子もいて楽しい遊びの場所となるのです。

　稲刈りが終わった後は全員でお昼ご飯を食べます。梅しそが混じったおにぎりやいも煮などすごく美味しいのです。ナス漬やキノコの入ったさまざまな料理などたくさんの食べ物があって腹ペコペコの園児たちは夢中になって頬張るのです。大人たちはビールやお酒も入り気分も盛り上がって唄も飛び出します。長老のおじいさんが80歳後半になりますが元気な声で歌うと園児たちもお歌を披露してくれるのです。50人以上の人が集まって食事をするのはまことに楽しいものです。園児たちは米作りを通して水や空気や土，そしてお日様の恵に感謝の念をもつことができます。体を使って身をもって体験することの大切さを感じ取ってくれるものと思います。こんな農作業体験が自然の大切さ，食べ物のありがたさを教えてくれるのだと思います。大人（お年寄り）や園児たちの両親たちにとっても子どもたちといい思い出を共有できるのです。

（大場満郎）

ますが，この「泣く」ということ1つ取り上げても，その発達の道すじは，人が生きていく中で，とりわけコミュニケーションや感情の発達において大変重要な奥深いものとなっています。新生児期には空腹や不快感などの生理的な表出手段であったものが，その不快感を受けとめ快感に変えてくれる「人」の存在によって，人と共にあることの心地よさを体得し，その積み重ねの中で，生きていくうえでの基盤ともいうべき情緒の安定や自己肯定感を育んでいくのです。身近な養育者との安定した愛着関係という基盤を得て，子どもたちは外の世界へとかかわりを広げ深めていくことができるのです。

その基盤となる，受けとめる側の「親世代」「大人社会」が今，大きく揺らいでいます。そのことがそのまま子どもたちの心の基盤への揺らぎへとつながり，アンバランスさを生みだしているともいえましょう。

このように考えると，子どもの心と体の成長や発達を考える時，「育てられる者」から「育てる者」へという，大人自身の，親として，人としての成長もまた忘れてはならない大切な視点ではないでしょうか。今まで「育てられてきた」者が人を「育てる」とはどういうことなのか。過去に子どもであった者たちが未来の子どもを育てていく──そのために必要なものは何なのか。子どもの心と体を通し，私たちは，人というものを生涯成長し続けていくものとして，改めて見つめ直していく必要があるでしょう。

引用文献
菅井正彦（2001）．子育て支援は母親支援　子育てブックレットまいんどNo.50/51合併号　神奈川県児童医療福祉財団　小児療育相談センター
柳瀬洋美（2003）．こころ育む親支援─現代の子育て不安とこころの自立─　家庭教育研究所紀要第25号　日立家庭教育研究所　pp.13-23

参考文献
阿部和子（編）（2007）．演習　乳児保育の基本　萌文書林
石井信子・藤井裕子・森　和子・杉原康子（2008）．乳幼児の発達臨床と保育カウンセリング　ふくろう出版
加藤俊二（編著）（2005）．現代児童福祉論　ミネルヴァ書房
子どものからだと心・連絡会議（2004）．子どものからだと心白書2004　ブックハウス・エイチディ
厚生労働省（2005）．子ども・子育て応援プラン　厚生労働省雇用均等・児童家庭局　総務課少子化対策企画室
中野敬士（1999）．社団法人全国私立保育園連盟経営強化委員会（編）　地域子育て支援のいろは　筒井書房

庄司洋子・松原康雄・山懸文治（編）(2004). これからの社会福祉3　家族・児童福祉改訂版第2刷　有斐閣
竹中哲夫・垣内国光・増山　均（編著）(2005). 新・子どもの世界と福祉　初版第3刷（一部改訂）ミネルヴァ書房
東京都福祉保健局少子社会対策本部（編・発行）(2005). 子ども家庭支援センターガイドライン
東京都福祉保健局少子社会対策部子ども医療課（編・発行）(2005). 子どもの声が響くまち　とうきょう　次世代育成支援東京都行動計画
東京都福祉保健局少子社会対策部子ども医療課（編・発行）(2006). 要支援家庭の把握と支援のための母子保健事業のガイドライン
柳瀬洋美（2005）. 生活の場・生活環境に対する理解　精神保健福祉士養成セミナー編集委員会（編）心理学　精神保健福祉士養成セミナー　第14巻　改訂第3版　へるす出版　pp.95-100

4

家族の病理と家族支援

春日武彦

1．家族問題の特殊性について

(1) 家庭という名の小宇宙

　人はなぜ家族をつくり，家庭を営むのでしょうか。その理由はそれが「生きていくうえで便利」だからに違いありません。もちろん子どもを産み育てるといったことも含めて，いちばん能率的なシステムなのです。家庭は仕事や日々の雑事をこなすための拠点であり，心身を休めるための安全な場所であり，本音や本心を隠さずに済む気楽な世界であり，自分自身のアイデンティティを示すシンボルです。多彩な側面をすべて含むことで，家族が，家庭が成立しているのです。

　家庭は，それぞれが壁で囲まれています。いわば区切られた空間の中に，星の数ほどもある家庭が各々独立して生活を営んでいるわけですね。同じ町内で，似たような家族構成で，同じ程度の生活水準であったとしたら，家庭の内部はそれほど極端には異ならないでしょう。だが，それぞれの家庭で作られるそれぞれのカレーライスが，味も性状もバラエティに富んでいるように，家庭は一軒ごとに微妙な差異がある。何か極端な要素がその家庭にあったとしたら，もともと大同小異の暮らしぶりなのだから，近隣は必ずや気づくはずです。

　ところが最近では，家庭の密閉度がきわめて高い。プライバシーが尊重され，物理的にも内部の様子はうかがい難く，近所付き合いは必須のものでなくなっています。家庭の一軒一軒が，独立し完結した小宇宙の様相を呈しているので

すね。すると微細な差異であっても，それが他の家庭と引き比べられることのないまま，どんどんその差異を突出させていくこともありましょう。どこの家でも，しつけのうえで子どもを叱ることはあるだろう。だが，どこまでがまっとうなしつけで，どこからが虐待であるかの線引きは，少なくとも当事者には非常にわかりにくい。気づきにくい。親としては当たり前のしつけをしているつもりでも，客観的に眺めればそれが虐待のレベルに達していたといった事態はありうるのです。家庭が密閉された小宇宙であればあるほど，そのような暴走は起きうると考えねばなりません。

　そもそも，家庭内で異常な事態が生じていても，それを異常と認識されるとは限らないことがあります。いささか極端な話をするなら，父親が娘に行う性的虐待はどうでしょうか。こうした事例は，往々にして娘が思春期を過ぎても延々と継続している場合がある。なぜか。被害者である娘が，事態を異常と認識していないからです。幼いときから性的虐待が続いていれば，娘はそれが「当たり前のこと」と思ってしまう。いちいち隣の家でも同じことが行われているのか否か，確かめたりはしない。しかも父が娘に「このことは絶対に秘密だよ。そうでなければお前は施設に入れられてしまうよ」と口止めしておけば，うっかり娘が虐待の件を外へ漏らしてしまう心配はなくなります。グロテスクな話でありますが，決してそんなことが皆無ではないのです。

　世間における常識と，家庭内における「当たり前」は，おおむね一致していることでしょう。家の外では人目を気にして振る舞うゆえ，ニュアンスの違いは出るでしょうが，基本的には同じはずです。けれども，家庭という小宇宙の中では，比較や批判や慣習といったブレーキが働くことのないまま，欲望や思い込みが際限なく膨らんでいく危険性を孕んでいるのです。

　健全な家庭は，風通しの良さが必須条件となります。だが今や核家族化と家庭の密閉化傾向・孤立化傾向が進んでいます。欲望や思い込みが純粋培養されてしまう可能性がある。あたかも明るく小奇麗な家庭と映っても，その内部にどれだけ歪んだものが潜んでいるかはわからないのです。援助者は，そのような小宇宙を見据えつつカウンセリングを始めなければならないことを知っておくべきでしょう。

(2) 家の中での論理

多かれ少なかれ家庭それぞれが独立した小宇宙といった性質を帯びているのであれば，そこでは世間常識とはいささか隔たった論理が成立する可能性が出てきます。そこを理解しないと，援助者は困惑し立ち尽くすことしかできなくなってしまうでしょう。

たとえば父親には酒乱の癖があり，自宅で飲酒をしてはDVに至る。そんな一家があったとしましょう。このこと自体は深刻な問題であり，憂慮すべき事柄であります。

が，そんなろくでもない父親に対抗するために，母親と子どもたちは肩を寄せ合い，絆を強めるかもしれません。長男は父を反面教師として「僕，将来は偉い人になってママを楽にしてあげるよ」と言って勉強に励み，長女は母に同情して優しい娘に育っていくかもしれません。多少の不平や辛さも，「あんなひどい父さえいなければ」といった発言をすることで気を鎮められるかもしれません。すると，父親という困った存在のおかげで，他の家族は結束し，むしろ理想的な家族像を形づくるべく努力することになる。ある意味で，この家族は歪んだなりにバランスがとれていることになります。

こうした家族の第三子が，保育園で精神的な問題を示したとしましょう。カウンセラーは，その家庭の危うい均衡を知り，父親のアルコール問題が第三子の精神症状に影響を与えていると考えるかもしれません。それは思考の筋道として正しいでしょう。だが実際に家庭に介入を図ろうとすると，意外にも，いちばんの被害者であるはずの母親が非協力的であることが稀ではない。母親も，表面的には酒乱の父をどうにかしたいと発言しています。しかし，問題のある父のおかげで彼女と子どもたち（少なくとも長男と長女）との間はきわめてうまくいっている。なまじ明確な「敵」があるほうが，人は連帯し充実感を覚えるものです。そんな次第で，母親の心には，現状を改善したいという思いと，このままのほうが良いといった矛盾が同居しているのです。

そうなると，カウンセラーは動きがとれなくなります。この一家をどのように導いていくことがベストなのか，そのゴールそのものがわからなくなってしまう。月並みな良識や，空疎な道徳などを持ち出しても解決はつかないのです。

家族病理を扱うということは，すなわち援助者自身の価値観や幸福感を問わ

2. 家族の抱える疾患と病理を理解する

(1) 心を病むということ

いわゆる「病気」，つまりすでに診断がなされている場合であろうと，あるい

トピック 14　保育現場の「気になる保護者」は何歳児に多い？

東京都A区の公立私立保育園90園に「気になる保護者」は何人いますかというアンケートを実施しました。子どもの年齢ごとの「気になる保護者」の人数を図に示しました。保育人数が年齢によって異なるため，「気になる保護者」数だけからは，問題をとらえることはできませんが，子どもの年齢が上がるにつれ「気になる保護者」の数が増加することは，保育者にとっては気がかりな問題です。

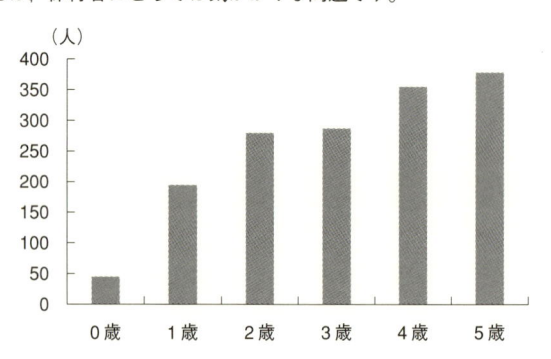

図　保育現場の「気になる保護者」数 (藤後ら，2010)

「気になる保護者」の増加する時期は，3つの段階にわけることができます。第一のピークが0歳児から1歳児にかけて，第二のピークが1歳児から2歳児にかけて，第三のピークが3歳児から4歳児にかけてであることが示されました。

第一のピーク（0歳児から1歳児にかけて）

この時期の増加は，仕事と子育てのジレンマが影響していると思われます。子どもが0歳児の時は，育児休暇をとって在宅保育をしている保護者が多いものです。子

はせいぜい迷惑な人といったレベルであろうと、その人物が心を病んでいると見なすには、どのような条件が必要なのでしょうか。もちろん当人自らが精神の不調を訴えているかどうかは脇に置いての話です。

以下の4つを、条件として挙げてみましょう。

① 客観性の欠如。
② ものごとを保留することができない。
③ 「別解」を想像することができない。
④ ものごとの優先順位が、常識や良識から逸脱している。

> もが1歳の誕生日を迎えると、その日から保護者は職場へ復帰することが求められます。母親の場合は、出産と育児のために長い間仕事から遠ざかっているため、仕事内容の把握に時間がかかり仕事が思うように進みません。育児があるために、以前のように遅くまで仕事に没頭することはできないのです。
>
> また、子どもが小さいため、病気になりやすくそのたびに保護者は職場から呼び出され、子どもを病院に連れて行き、病気の子を看病して仕事を休むことになります。このような保護者の行動に対して職場の見る目は厳しいものです。保護者の気持ちは不安定になり、保護者はいらいらした気持ちのはけ口を保育者や子どもに求めるために、1歳児の保護者には「気になる保護者」が多いと考えられます。
>
> **第二のピーク(1歳児から2歳児にかけて)**
> この時期の増加は、子どもが人間として育ち始める時に起こる方向付けの問題から生じるものだと考えられます。1歳児は人間として移動運動の基本である歩くという行動が自立する時です。それによって、保護者が目を離すとすぐにどこへでも自らの力で歩きだし、手当たり次第何でもさわり、口に入れ、危ないこともしばしば起こります。保護者の禁止行動が始まるのはこの時期です。何を禁止し、何を容認するかには、保護者の価値観や生活観が反映され、子どもの育ちを方向付けます。保護者の厳しすぎる禁止行動は、保育者にとっては気になる行動として目に映るのかもしれません。
>
> **第三のピーク(3歳児から4歳児、5歳児にかけて)**
> この時期の増加は、きょうだいが生まれたり、就学前の不安であったり、子ども同士のトラブルであったりと多様な要因が関連すると考えられます。子どもの発達領域の拡大および家族の生活範囲の拡大に伴い、さまざまなストレスが保護者に生じることとなり、子どもへの不適切な行動が増加するのだといえます。
>
> **文献** 藤後悦子・坪井寿世・竹内貞一・府川昭世・田中マユミ・佐々木圭子(2010)保育園における「気になる保護者」の現状と支援の課題—足立区内の保育園を対象として— 東京未来大学研究紀要、3、85-95.
>
> (田中マユミ)

まず①です。子どもならいざ知らず，大人が自分のことを客観的に眺められないとしたら，世間に適応していくことは難しいでしょうね。自身の言動を適切に修正していくことができないし，結局のところ，反省や内省の能力が欠落していることになるのですから。

　次に②です。日々の生活において，さまざまな努力やはたらきかけが直ちに結果と結び付くことは少ない。私たちは，自分の行いが効果的であったか，意味があったのか，有意義であったのか，良い評価を得られるのか，そうした顛末をなかなか知ることができません（たとえばカウンセラーの仕事の場合，クライエントにとってプラスの効果があったかどうかを見届けるまでには数ヶ月を要することが普通でしょう。思春期を相手にしたら，本当の結果は十年以上待たねばならないかもしれません！）。

　結果が出るまで，私たちは宙ぶらりんの状態に置かれるのです。いわば生殺しのようなもので，いかなるものであれ結果が直ちに出てくれればそれなりに気持を切り替えられるのに，それすらが叶わないのはまことに苦しい。私たちが生きていくうえでの大きなストレス要因は，しばしば保留の状態に置かれ，中途半端なまま耐えていかねばならないことが多いからでしょう。ものごとを保留した状態でじっと耐えるためには，何らかの楽天性や楽観主義，実体験に裏付けられた自信，そして「希望を持ち続ける力」といったものが必要なのです。

　心を病んだ人は，じっと耐えるだけの精神力をもっていない。すぐに不安に駆られたり，怒り出したり，妄想的になりかねない。そうして破綻するのです。

　③はどうでしょうか。算数の計算ならば答えはたった1つでしょう。だが現実は，それほど単純ではない。ある場所から別の地点へ行くためのルートには，何を重視するかで幾通りもの可能性（別解）が出てくるはずです。最も短時間で行けるルート，景色の良いルート，ついでに買い物に立ち寄るのに便利なルート，もっとも安価に行けるルート，といった具合ですね。ところが心を病んだ人はしばしば，別な発想，別な可能性，別な立場といったものを認めようとしません。それだけの精神的な余裕を欠くのでしょう。だから，たんにこのルートが最短距離であるというだけの理由で，そのルートこそがベストであり

他のルートはすべて間違いであるといった狭量な考え方をしがちです。しかも自分では論理的な結論であると思っているから，ますます依怙地となるのです。

最後に④はどうでしょう。人それぞれ，ものごとには優先順位をつけている。そのランク付けは価値観や人生観とかかわっているから，ある人では仕事よりも家庭が大切と思うだろうし，別な人では家庭よりも仕事を優先させずにはいられないかもしれません。いずれにせよ，優先順位には人柄や生き方が反映し，しかしそうであっても順位はおおむね常識の範囲内に収まることでしょう。

ところが心を病むと，しばしば優先順位が奇妙な様相を呈します。例を示しましょう。本気で自殺をしようとしている人は，優先順位のトップが「自分で自分を殺す」ということになっています。これは明らかに異常であり，まぎれもなく心を病んだ状態に相当するでしょう。あるいは妄想がある場合。自分がスパイ組織に狙われているといった妄想に取り憑かれていたとしたら，危険を避けるために，職場にも行かず家で息をひそめているかもしれません。つまり生業よりも妄想が優先しているわけで，そんな状態は「正常」から程遠いといわざるをえません。

わざわざ優先順位の話をしているのには理由があります。とんでもない妄想を抱いていたり，非常識なこだわりがあったとしても，つまるところ優先順位が奇異な具合に入れ替わっているのはせいぜい1つか2つでしかない。他は，おおむね健常者の優先順位と変わらない。精神を病んだ人を前にすると，どこからアプローチすれば良いかと戸惑ってしまう援助者がいますが，大部分の優先順位は私たちと変わらないのだと知っていれば，時候の挨拶や無難な話題で共通項を得ることは簡単なわけです。そのことを強調しておきたかったのです。

以上4つの条件が，心を病んだ状態を裏書きするわけです。病理性のあるケースを前にしたときは，これら4つに照らして問題を焙り出すと理解をしやすくなりましょう。

(2) う つ 病

この項からは，精神疾患に関する各論となります。まず，うつ病から述べましょう。

うつ状態イコールうつ病ならば，話は簡単です。わざわざ医師が診察をしな

くても，自ずと病名が決まってくることでしょう。ところが実際には，うつ状態のうちのほんの一部だけが「うつ病」に該当するのです。いわば全体集合と部分集合の関係ですね。

　私たちは，いともたやすくうつ状態に陥ります。人間の精神構造はそのようにできているのです。嫌なことがあれば気持ちは塞ぎ「うつ」っぽくなるし，身体の調子が悪くても心は沈みます。厄介なことが控えていれば意気消沈するし，生きていることそのものに「うんざり」して抑うつ的になることすらありましょう。だがそれらの「うつ」は，原因が取り除かれたり気晴らしによって改善します。したがって，うつ状態ではあってもうつ病には当たりません。

　実は精神科領域の疾患で「うつ状態」を示すことのないのは，躁病のみです。他の疾患——統合失調症，神経症，パーソナリティ障害，依存症，認知症などはいずれも「うつ状態」を示しうるし，誤診されることすらあります。

　うつ病は，悲しいことやストレスによって生じるとは限りません。原因らしきものが不明なことも珍しくありません。むしろ環境の変化，たとえば引っ越しとか転勤とか昇進といったことが誘因となりやすい。昇進などはめでたいことのはずだけれども，本人にとっては仕事内容が大きく変わるし立場も変わる。戸惑う要素が多いのです。一般論として，うつ病になりがちな性格があり，真面目・几帳面・こだわり傾向といったものが指摘されています。これは裏から見れば臨機応変や心の切り替えの下手な不器用な性格ということであり，そうした点も環境の変化に弱いことにつながっているのでしょう。

　症状としては抑うつ気分のみならず，エネルギーが失われ億劫感が著しくなります。そのために，気は焦るのに何もできないといった状態になってきます。不眠をきたしやすいが，ことに夜中や明け方，つまりまだ暗いうちに目が覚めてしまい，しかし熟眠感はまったくなく，ベッドの中で悶々と取り越し苦労をすることが多い（これを早朝覚醒と称します）。まだ暗いうちから不安や取り越し苦労に悩まされているのだから，通常の起床時刻にはもはや身も心も疲れ果てています。それがために，うつ病患者の多くは，午前中のほうが調子が悪く夕方や夜になると多少回復すると語ります（これを日内変動と称します）。

　身体の不調を伴いがちで，それは身体のだるさや頭重感，便秘，動悸，食欲低下，体重減少など多岐にわたります。

ものごとに対する興味関心が失せ，それまでは熱心であったテレビ番組を見るのが面倒になったり，趣味から急に遠ざかることが多い。性欲も消え失せます。

集中力や活力が衰え，自分を過小評価し，自分を責めるようになるのも大きな特徴です（自責感と称します）。「うつ病患者を励ましてはいけない」といわれるのは事実で，それはこの自責感とリンクしているからです。すなわち，うつ病患者は元来真面目な頑張り屋で，しかし病気ゆえに頑張り切れなくなってダウンしています。そんな患者に「頑張れ！」と叱咤激励すると，当人には「あなたはまだまだ頑張りが足りないよ」と非難しているように感じられてしまう。それがためにますます自責感を覚えて追い詰められていくわけなのです。

そして最悪のケースでは，自殺に至ります。このまま生きていても申し訳ないといった気分に駆られたり，「もう取り返しがつかない」といった悔恨の念に基づきます。また子どもを残して死んでは可哀想だからといった発想から，親子心中を図るケースもときおり生じます。

治療は抗うつ薬の服用が中心となり，精神療法や認知行動療法が併用されることが多いようです。なお通常は一年以内にうつ病は改善するといわれています。一年を超える場合は，難治性か，他の疾患（神経症など）への移行か，あるいは見立て違いの可能性もあります。

(3) 躁　　病

躁病においても，躁状態イコール躁病というわけではありません。薬物中毒や副作用などでも生じえますし，パーソナリティ障害でも軽躁状態が見られることがあります。なおうつ病と躁うつ病との違いですが，うつ病は「うつ」だけが出現し，躁うつ病では「躁」と「うつ」とが繰り返される。したがって「うつ」のときだけを観察しても区別はつきませんし，当初はうつ病だと思っていたらやがて「躁」も出現して，躁うつ病と診断名が変更になることもあります。

躁病の症状は，明るくハッピーといったものではありません。確かに一見したところは快活で精力的でありますが，攻撃的でまとまりを欠き，気まぐれで良識を失い，浪費や性的逸脱などが生じがちです。夜は眠らず，騒がしく，感

情は不安定で怒りっぽい。自信に充ち溢れ誇大妄想的となり，突然議員に立候補してみたり，女性だとやたらに化粧が派手になったりします。些細なことでクレームをつけたり威張ったり，周囲から眉をひそめられることが少なくありません。いかにも危なっかしく破滅的で，しかも人迷惑な言動に走りがちです。それゆえ，当人も症状が落ち着くと，自分のしでかした言動を知って意気消沈することがしばしばです。

(4) 統合失調症

かつては精神分裂病とよばれていました。ほぼ終生にわたって服薬の必要があるという点で，慢性疾患ととらえるべきでしょう。

急性期と慢性期とで症状に大きな違いのあることに留意しましょう。急性期では，幻覚（幻聴が大部分で，幻視は稀）・妄想（被害的内容が多い）・興奮が目立ちます。しばしば訴えられる症状としては，盗聴器を仕掛けられている・テレパシーで心を読まれる・電波で操られる・見張られたり尾行されている・テレビで自分のプライバシーが暴かれている・町中で自分のことが噂されている，等々があります。急性期の状態は誰が見ても尋常とは思えないから速やかに医療機関へつながりやすく，したがって日常生活において実際に目にする機会は案外と多くありません。

問題は慢性期です。外来通院によって幻覚妄想が消え失せた状態がキープされ，あるいは未治療であっても時間が経つと幻覚や妄想は形骸化して，患者はとりあえず落ち着きます。しかし特有の不自然なトーンや，ある種のぎこちなさが残るのです。

おしなべて表情は乏しく生彩を欠き，口数も少なく，無愛想な印象を与えやすい。こちらから話しかけても返事は紋切り型で，コミュニケーションを拒んでいるような雰囲気を醸し出します。愛想とかソツのなさとは無縁で，妙に理屈っぽいことが多いが，どこか現実にそぐわない。文脈や空気を読むことが苦手で，唐突な言動を示します。「言わずもがな」といった常識や「暗黙の了解」をまったく理解していなくて，当惑させられることがあります。要するに，ここがまずいとハッキリ指摘はできないけれども，何となく戸惑わされてしまうといった居心地の悪さを相手に与えてしまいかねない。そうなると他者や地域

から敬遠されてしまうのです。

ことに慢性期においては，統合失調症が凶暴であるとか危険であると考える必要はありません。

（5）神 経 症

ストレスに満ちた状況や，不本意な環境に長く置かれていると，当初はたんに我慢をしたり発散方法を見つけて耐えることになります。しかしそれも限度を超すと，いわば心の悲鳴として，さまざまな心身の症状が出現してきます。それらは不安・抑うつ・怒りといった感情をベースに多彩な形を取ります。しかも患者本人としては，症状とその遠因である状況や環境との因果関係になかなか思い当たらず，それどころか症状はいつしか因果関係を離れて独り歩きしがちなため，治療が難しくなりやすい。患者の性格も大きく関与します。

うつ病とされているケースのうち，抗うつ薬への反応が悪く，長期間に及び，しかも抑うつ気分以外の症状は典型的なうつ病とニュアンスを異にする場合は，むしろ神経症の範疇ととらえたほうが適切なことがあるようです。

パニック障害も神経症の1つです。突然，激しい動悸・呼吸困難・メマイなどが生じ，著しい不安を伴い，このままでは死んでしまうのではないか・気が狂ってしまうのではないかと居ても立ってもいられなくなります。症状は発作のように繰り返され，しかしおおむね三十分以内にはおさまり，また身体を精査しても異常は見出されません。電車やホールなど，すぐに逃げ出せない場所だと生じやすかったり，個別に特徴の見られることが少なくありません。発作の出現を怖れて外出や会合出席ができなくなるなど，生活への影響は大きい。効果的な薬物があるので，精神科受診が必要です。

強迫神経症では，建物に入るときには常に右足から踏み込まないと不安になるといったジンクスめいたもの，出掛けるときにいくら戸締まりや火の始末を確認しても気になって仕方がないといった不確実感の強いもの，どんなに手を洗ってもまだ汚れているような気がして延々と何時間も手を洗い続けねばいられない等，その深刻さにはかなりの幅があります。

解離症状もまた神経症のバリエーションとされます。心因性の健忘（記憶喪失），心因性の朦朧状態，多重人格などが挙げられ，要するに「私は私である」

といったアイデンティティの否定によって困難状況から脱出しようというまことに大胆かつ突飛な心のはたらきであり，パーソナリティに問題を抱えた患者に起きやすいとされています。症状の劇的なところは，周囲にその劇的なところを以って自分の苦しさをアピールしたいといった印象を伴います。

(6) パーソナリティ障害

以前は人格障害と称されていました。ものごとの感じ方・とらえ方・考え方・反応の仕方には，人それぞれで違いがあるけれども（その差異こそが個性を形づくるのでしょう），それが常識や良識を逸脱した時にパーソナリティ障害とされます。したがってその判断は相対的なものであり（ヤクザの世界では通用する振る舞いが，堅気の世界では通用しないことがあるように），とはいうものの明らかにパーソナリティ障害としかよびようのない人は存在します。以下の点に留意しましょう。

◆知能は無関係。高学歴であろうと，IQがいくら高かろうとパーソナリティ障害の可能性はある。
◆いつも似たようなパターンのトラブルを繰り返す傾向。普通だったら，同じ失敗は避けるものだが，むしろ自ら進んでトラブルを蒸し返すかのような印象を受けがち。その自虐的な愚かさが，知能と無関係といわれると意外に思えることがある。
◆こだわりが強く執拗。しばしば，こだわりのためのこだわりとしか映らない。
◆薬や入院によって治るといったものではない。本人が精神科を受診する場合，その動機が多くが「抑うつ気分」である。しかし抗うつ薬では解決しない。
◆法律的には，病人とは見做されない。つまり彼らが犯罪に手を染めても，心神耗弱や心神喪失は適用されない。したがって，彼らが限度を超えた問題行動を示した際には，警察への連絡も躊躇すべきではない。

パーソナリティ障害にはタイプがいくつか分類されますが，境界性パーソナリティ障害（Borderline Personality Disorder, 略してBPDと称される）は比較的若い世代（ことに女性）に散見されるうえに，クレーマーや児童虐待，頻回の自殺未遂，ストーカー的行為，依存症や風俗関係の仕事などとの親和性が高いので留意しておきましょう。

BPDの病理は，屈折した自信欠如とでも称すべき心理に求められます。人の心や世間を気まぐれで残酷なものであると決めつけ，常に自分は見捨てられるのではないか，裏切られるのではないかと怯えている心性に根差しています。自己評価も低い。そのために，些細なことで裏切られた・馬鹿にされた・見捨てられたと激しく反応し，怒りを剥き出しにします。そのいっぽう，気に入った相手には（まるで救いの神でも現れたかのように）のめり込み，見捨てられまいと過剰に気を惹こうとします。そのくせ，ほんのちょっとしたことで相手を卑怯者と決めつけ，憤り，対人関係がまったく安定しません。

　しばしば相手の本心を試そうとしますが，それは倫理的に問題のある行為や自殺企図といった形を取るため，かえって関係性がこじれたりトラブルを引き起こします。感情の起伏が激しく，あたかも躁うつ病のように見えることすらあります。攻撃性が強く，虚無的で自暴自棄なところがあり，総じて言動には極端なところがあり，それが逆に魅力と感じられることもあります。芸能界・風俗・アートといった世界にBPDが多いのは無理からぬ話なのですね。

　彼らと向き合う際には，相手のペースに巻き込まれないように注意する必要があります。無茶な要求をしてくることが多いですが，勢いに負けて屈してはいけません。自分にとってできること・できないことをはっきりさせ，できないことは物理的に・金銭的に・時間的に・あるいは規則として無理だからであり，決して感情的に相手を嫌ったり見下しているからではないと明言しましょう。一貫性を堅持することが大切。下手に妥協したり譲歩すると，結局のところそれはこちらサイドが最初から不誠実であったからだといった話にされてしまいます。しっかりと「けじめ」をつけさせることが必須ですが，実践は容易でありません。人情家として付き合うと，相手の際限ない要求に応えられなくなって必ず破綻します。そっけなく退屈な人間と思われていたほうが，BPDを相手にするときには無難であります。

(7) 依 存 症

　自分自身を，あるいは運命を強引にコントロールしようといった性急な心性が依存症者の根底にはあります。手っ取り早く憂さを晴らしたい，今すぐ気分を良くしたい，あっという間にカタルシスを味わいたい――そういった気分か

ら，アルコールや薬物やギャンブルを道具として使おうとするのです。ところがそこに無力感や孤独感，怒り，不安，自暴自棄といった要素がかかわり，さらに生育史やパーソナリティの問題や困難状況が重なることで，道具であったはずのアルコールや薬物やギャンブルにいつしか振り回され支配されてしまう。本末転倒——ここに依存症が成立するわけです。

　依存症者はその破滅的な生活から，早晩，破綻してしまうはずなのです。が，たとえば夫がアルコール依存症であったとして，往々にしてその妻が酒のうえでの失敗の後始末をしたり，尻拭いをしてしまいます。妻としては，そうしなければ夫が会社をクビになったり恥をかいたり，いろいろと困るからなのでしょう。けれどもそのような妻の行動は，夫からすれば，「私が始末はするから，もっと飲んでいいのよ」という誤ったメッセージとして伝わってしまう。つまり夫は妻に甘えているのであり，妻も困ったとぼやきつつ結局は夫を受容し支えている（このような支え手を，イネーブラー enabler と称します）。こうして依存症者は依存症者であり続けるのです。妻は，「お酒さえ飲まなければ，優しくていい人なのにねえ」と自分の行動を自己正当化する。あえて妻に厳しい言い方をするなら，夫婦双方で共犯関係となっているのです。妻自身は，自分こそが被害者と思っているでしょうが。

　依存症は，当人と「依存対象」との問題であると同時に，依存症者と「その周囲との人間関係」の問題でもあります。本人から酒（あるいは薬物やギャンブル資金）を取り上げたり説教をしても解決は覚束きません。本人は不貞腐れ，居直り，気分直しだとばかりにますます依存対象へのめり込むだけでしょう。

　治療のスタートは，まずイネーブラーに向かって，あなたが支え手（共犯者）となっているのだよと理解してもらうことから始まります。そして自覚的に，支えることをストップしてもらう。すると支えてもらえなくなった依存症者は遅かれ早かれ行き詰り，途方に暮れることでしょう。その時点で，はじめて当人へ治療のアプローチを試みることになります。大概は年単位での長期戦となります。そうした回りくどい方法でないと，結局はうまくいきません。依存症をインスタントに治す方法はないのです。

(8) 共 依 存

　前項で，アルコール依存症の夫と，イネーブラーとなっている妻との関係を述べました。この夫婦は，共依存と考えられます。

　夫は，妻の存在を必要としています。いっぽう妻のほうは，一見したところは，一方的に苦労ばかりさせられて損な立場にあるように見えます。だが，それならばなぜ妻は夫を見限らないのでしょう。このままでは明るい将来など望めない——そんなことは明々白々ではありませんか。

　けれども妻には，ちゃんと精神的な報酬があるのです。「私が面倒を見なきゃ，いったい誰がこの人の面倒を見るのよ」「夫は私がいるからこそ，どうにか世間でやっていける」。そんなふうに，妻は苦労と引き換えに「自分は必要とされている・自分には存在意義がある」と実感ができます。換言すれば，妻は自分の存在意義を確認するために，アルコール依存症である厄介な夫が必要なのです。そんなことよりも他の領域で自分の存在意義を示したほうが生産的だと思われますが，考えてみれば，自分こそは唯一無二と思える対象はそう滅多にあるものではないでしょう。よほど才能や能力に恵まれない限り，自分など所詮は代替可能でしかないと思い知らされるばかりでしょう。

　そうなると家族関係こそは，他者との取り換えが利かないといった意味において，自分の存在感が際立つのですね。自分自身を過小評価しかできない人は，ときに自己犠牲的な態度を以って自分に価値を与えようとする。いやそれどころか，自分の存在意義を味わうために（無意識のうちに）相手の自立や回復を阻止してしまいます。このように実はきわめて自己中心的な，そのくせ表面的には献身的な態度が共依存の典型例ということになります。似たようなパターンでは，引きこもりの子どもと，その世話をしつつ子の成長を阻みいつまでも子ども扱いをしようとする母親などが挙げられましょう。

　いわゆる家庭内暴力DVにおいても，問題が表面化せずに延々と家族が営まれ続けているとしたら，そこには加害者と被害者との間に共依存関係が成立していることを疑うべきです。にわかには信じ難いかもしれませんが，人の心における損得勘定は，予想もしない形で均衡を図るのです。

3. 家族支援の考え方

　うつ病や統合失調症や神経症の疑われる者がいたとしたら，そして医療機関とまだつながっていないとしたら，速やかに受診を勧めるべきでしょう。だが話はそう簡単にはいきません。もしかすると当人が受診を嫌がっているのかもしれません。家族は精神疾患を薄々想定はしているものの，病気であることを認めたがっていないのかもしれません。余計な口出しをしないでくれと怒られるかもしれません。

　家族支援でまず最初に考えるべきことは，「困っているのは誰か」ということです。夫が病気らしくそのため妻が困っているといった類の話だったら簡単でしょう。その妻と一緒に方策を考えていけばいいのですから。家庭内に介入する足掛かりが，ちゃんとあるわけですから。相談機関もいろいろあるのですから。だが家族全員が，病気かもしれないという事実から目を逸らしたがっている場合はどうでしょうか。介入したくても，取っ掛かりがまったくないことになります。

　そもそも事例として浮かび上がった以上は，誰かが困っている（さもなければ憂慮している）ということでしょう。困っているのは保育者であり，なぜなら園児の様子に問題がありそれはどうやら母親の精神が病的であることに起因しているようだから，といった場合はどうでしょうか。

　つまり子どもの生育に母親の精神不安定が悪影響を与えているのではないか，と保育者──家族以外の人物が心配しているのです。ならば母親に，とりあえず，あなた自身に困ったことや悩みはあるかともちかけ，そこから徐々に問題を指摘していくことが効果的かもしれません。母親に自覚を促したり問題を指摘しても埒が明かないとしたら，夫やその他の家族や親戚にアプローチして経緯を伝えてみるべきかもしれません。保育園側の不安を率直にぶつけてみるわけです。地区担当の保健師や民生委員，福祉担当者（生活保護の場合）などに連絡を取ってみる手もありましょう。

　当初は，困っているのは保育者だけでした。だが，家族をとりまく人々の中に，事態を困ったものだと思う人が増えていく。ここが重要ですね。さまざま

な職種，さまざまな立場の人たちが事態に目を向ける。だがそれぞれの人たちがばらばらにトライをするだけでは，成果は上がりにくいものです。どうすれば良いでしょうか？　解決に役立ちそうな人がある程度出揃ったところで，その人々を集めてケース検討会を開いてみるのです。ただし保育者がいきなり召集を掛けるのは少々気が重いかもしれません。むしろ精神保健相談ということで保育者が事例を保健所に持ち込み，保健師に音頭を取ってもらったほうが賢明かもしれません。

　なぜケース検討会を開くのでしょうか。1つには，保育者だけが問題意識をもち，しかしどうにもできずに手をこまねいているだけだとします。保育者は独りで責任を背負い込むことになるでしょう。自分だけで問題を抱えたまま，おどおどした気持ちで毎日を過ごさねばならなくなるかもしれません。もしも事態が不幸な顛末を迎えでもしたら，保育者は責任感や罪悪感でいたたまれなくなることでしょう。

　だがケース検討会を開けば，出席者は責任をシェアしてくれます。このことだけでもずいぶん肩の荷は軽くなりましょう。さらに，当然のことながら，立場の異なる複数の人間で協議すれば何かの知恵が出るかもしれない。出ればラッキーであるが，出なくても構いません。独りだけで悩んでいるぶんには，見落としや盲点があるかもしれない。が，検討会で一緒に考えてもダメなら，おそらく今現在ではどうにもならないのです。そのことが確認できただけでも大成果ではありませんか。やるべきことをしていないかもしれないという無力感や「もどかしさ」から解放されるのですから。

　さし当たって今すぐにはどうにもならないとしたら，ではもし何らかの展開があったらどうするかを考えておきます。園児の状態がもっと悪くなったとしたら，虐待の可能性ありということで児童相談所が動けるかもしれませんね。園児は医療を受ける必要ありということで家族に揺さぶりを掛けると，そこで家族の態度も変わるかもしれないし，養育について家族のほうから相談を持ち掛けてくるかもしれません。医療者サイドから家族にアプローチが可能になるかもしれません。

　何かあったらすぐ動くといった「スタンバイ状態」で見守るわけです。ここまで用意をしておくと，おそらく周囲の雰囲気が伝わるということなのかもし

れない（さもなければ，否認はしているもののさすがに家族も目をつぶっているわけにはいかないと感じるように圧力が加わるのかもしれません），予想外のエピソードが生じたり（たとえば母親のほうが急に精神状態が悪化して入院になってしまうとか）意外な展開が起き，介入が可能となることが結構あるのです（そのあたりの感覚は，実際にやってみれば腑に落ちることでしょう）。もちろん膠着状態のままかもしれませんが，そうなったら次のチャンスは小学校入学に伴う面接や指導となりましょう。そこへ「宿題」をつなげれば良いということになります。一件落着というわけにはいかないかもしれませんが，せいぜいその程度が私たちにできる限界です。

　なお，共依存などでは，他者から見れば歪んだ関係性であるけれども，本人たちとしては「低値安定」なのでこのままが良いと思っているケースは少なくありません。子どもに波及して何か問題が生じているのならともかく，共依存というだけならば結局誰も困っていないといったこともありえます。いや，それは道徳的に問題だしオレとしては寝覚めが悪いと言う人もいるかもしれませんが，勝手にさせておけばいいじゃないかといった意見もありましょう。あまり使命感に駆られ過ぎても徒労に終わりかねないし，価値観の押し付けにしかならない可能性も考慮すべきでしょう。熱血カウンセラーがベストとは限らないのです。

トピック 15　園内研修における保育カウンセラーの役割
―事例検討会の開催―

　北九州市の杉の実保育園では，保育カウンセラー（臨床心理士）を囲んで事例検討会を月1回実施しています。保育者が事例をまとめることは大変ですが，まとめることにより今まで気付かなかった子どもや保護者の様子を発見したり，保育者自身の対応の仕方を見直すきっかけともなります。保育カウンセラーは，事例をまとめる際に保育者にアドバイスしたり，事例検討会の際に，発達的な視点や臨床心理学的な視点を伝える役割を担っていきます。事例検討会を行う最大のメリットは，園内にチームで子どもや保護者を支えていこうという合意が形成されることです。またチームで検討することで，保育者自身も支えられているという安心感を抱くことができます。

事例検討会の様子

事例検討会参加者の声

> 事例研究は，保育者の共通理解や接し方の理解などに役立っていると感じました（2年目保育者）。

> 子どものこれからの課題が明確になり，発達援助について改めて考えることができました（5年目保育者）。

（藤後悦子）

5 子どもの発達と支援

伊藤恵子

1. はじめに

　筆者は，臨床心理士，言語聴覚士として，乳幼児健康診査や発達相談，言語指導などの仕事をしてきました。その仕事のほとんどがことばに関するものです。「ことばの問題」は，気づかれやすいため，まわりのおとなにとっては，大きな気がかりとなります。ことばには，「発音が変だ」とか「吃音（どもる）」といった，話ことば（Speech）の問題のほか，物や概念を表わす記号としてのことば（Language）の問題があります。そのため，子どもの知的な発達や対人関係の問題などのなかには，ことばの問題によって，気づかれるものが少なくありません。

　その時々のいろいろな能力が，子どものことばに反映されているといってもよいでしょう。ことばは，子どもの心の発達状態を知るうえで，多くの手がかりを与えてくれるのです。しかし，ことばは，教え込まれることによってではなく，心の伝え合いを背景とした，きわめて日常的なやりとりのなかで育まれていきます。ことばを培いながら，子どもの健やかな発達のために，おとなはどのような配慮をしていったらよいのでしょうか。このことについて，筆者が出会った方々の事例を通して考えていきたいと思います。

　「2. ことばの前提条件」では，誕生から1歳頃までの子どもの発達の様子と，おとなが心がけることについて述べます。「3. ことばの土台づくり」では，子ども一人ひとりの問題に応じた具体的な支援の例について述べます。「4および5. 子どもの気持ちに沿った豊かなことばかけ，働きかけ (1)(2)」では，1歳

から3歳頃までと，4歳から小学校入学前までに分けて，子どもの発達と，それぞれの時期のおとなの配慮について述べます。最後に「6. 発達とは」で，発達や子育てについての筆者なりの考えについてまとめてみます。

　どの親子にも当てはまるといった子育ての方法やマニュアルは決して存在しないのですが，保育カウンセラーが子育て支援や発達支援を行っていくうえで，何らかのヒントが得られることを期待しています。なお，事例はプライバシー保護のため，特定の個人のものではなく，複数の個人の事例を複合して作成したものです。

2. ことばの前提条件

　子どもは，1歳くらいになると，いつの間にか片言のことばを話し始めます。しかし，ことばは，いくつかの前提条件がそろったときに，はじめて話せるようになるのです。ことばを話すためには，知的面の発達のみではなく，対人面，情緒面，運動面の発達のほか，発音器官の発達など，じつに多くの前提条件となる発達が必要です。これらの発達は，両親をはじめとするまわりの世界との相互交渉を通じて，子ども自らが獲得していきます。ですから，子どもの話せることばが少ないからといって，「パパと言ってごらん」とか，絵カードを見せて，「リンゴ，リンゴ」などと，機械的に単語を覚えさせようとしても，ほとんど効果はありません。ことばを培うためには，話せるようになるまでの基礎的な能力を育て，土台となる発達のさまざまな側面を育んでいく必要があります。

　では，生まれてから最初の1年の間に，子どもはことばの前提条件をどのように獲得していくのかをみていきたいと思います。ここに記載した行動の現れる順序は，多くの子どもに共通しています。そのため，発達に応じた働きかけをするには，今，その子どもがどの発達レベルにいるのかということを把握しておくことは必要です。ただし，それらの行動が現れてくる時期は，個人差が非常にあると同時に，環境にも大きく左右されます。ここで示した月齢は，おおよその目安にすぎないため，早い遅いということにあまり神経質になる必要はありません。

(1) 誕生直後の子ども

　生後数時間という誕生直後の子どもを，向き合う形で抱いて，大きく口を開けたり，舌を出したりしてみると，子どもはそれにつられるように，同じような動作をします。これは，「共鳴動作」と呼ばれています。同じく，誕生間もない子どもに，父親や母親が話しかけると，それに応じるかのように子どもは手や足を動かし，おとなの方もそれに同調するかのように呼びかけを続けます。このように，音声と動作などが相互に同期化する現象を「エントレインメント（entrainment）」と呼びます。また，授乳に関しても，他の動物の子どもが一気にミルクを飲んでしまうのに対し，人間の子どもは，途中休みを入れながら，母親の顔をじっと見て，母親からの反応を引き出すような行動をします。

　このように，子どもは生まれて間もない時期から，周囲の人からの反応を引き出すような行動をみせます。こうした生まれつきの特性を基盤に，養育者との心理的な絆を築き上げていきます。スイスの動物学者ポルトマン（Portmann, 1961）が「生理的早産」とか「子宮外の胎児期」と呼んだように，他の動物たちと違って，自分の力で立って歩けるようになるまでに，人間の子どもは，1年以上もかかります。生きていくためには，どうしてもまわりのおとなからの援助が欠かせないのです。そのため，おとなからの働きかけを引き出す能力を，子どもは先天的にもって生まれ，さまざまな信号を発していると思われます。

　おとなが，特別の努力をしなくても，子どもから発せられるこれらの信号を読み取り，愛情をもってかかわっていれば，子どもの潜在的なコミュニケーション能力は引き出されます。しかし，周囲の人々が，子どもからの信号に気づかなかったり，無視したりしていると，子どもがもっているはずのコミュニケーションの力は，発揮されないままになってしまいます。そればかりか，精神的にも身体的にも発達が阻害されることが知られています。

(2) 生後2ヶ月から5,6ヶ月頃の子ども

　生後2ヶ月くらいになると，機嫌のいい時に，子どもはお話をするような声を発するようになります。この時，子どもの反応をよく見ながら，タイミングよく，目を見て，はっきりした抑揚のある声で，愛情をこめて話しかけてあげると，子どもからの反応がたくさん返ってきます。やりとりすること自体が目

的で、まさにやりとりを楽しんでいるようにみえます。また、おとなの反応を意識した泣きや発声遊び、笑い声などもみられるようになります。

(3) 生後5, 6ヶ月から9, 10ヶ月頃の子ども

「イナイイナイバー」のように状況が変化する遊びや意外性のあるものを喜ぶようになります。遊びの切れ目には、「もっとやって」とねだるような素振りもするようになります。自分の声や身体、目の前のものなどで、一心に遊ぶことも多くなります。

また、「バーバーバ」「マンマンマ」などのくり返しのある「反復喃語」を発するようになり、まるで新しいさまざまな音声をつくり出す練習をしているようです。

いっぽう、特定の養育者との心理的な絆（愛着といいます）も、この頃にはしっかりできあがっているため、人見知りや後追いなどが目立ってきます。なお、特定の養育者とは、母親に限らず、父親の場合もあるでしょうし、保育所にいる時には、担任の先生の場合もあるかもしれません。とくに2歳頃までは、1対1の温かい人間関係に基づいた養育や積極的な愛情交流が必要であり、養育者、子ども双方が、満足と幸福感に満たされるような状態が精神保健の基本といわれています。このことは、第一次世界大戦によって、両親から離れて施設で育てられた子どもたちに、心身の発育障害、情緒障害、対人関係障害などが多くみられたことから、「ホスピタリズム（hospitalism）」と呼ばれ、研究が始められてわかってきたことです。ホスピタリズムの原因として、当初考えられていた栄養状態、衛生環境が改善されても、これらの障害は減少しませんでした。その後、イギリスのボウルビィ（Bowlby, 1951）が、このような障害の要因として、「母性剥奪（maternal deprivation）[1]」を重視し、これらの障害の予防には、母親もしくはそれに代わる特定の養育者による上記のような温かい人間関係に基づいた個別的なかかわりが有効であると考えられるようになりました。また、施設で育てられた子どもに限らず、何らかの原因で、乳幼児期の早期に一定の養育者との安定したかかわりをもつことができないと、ホスピタリズムに似た症状が観察されることも報告されています。しかし、子どもと特定の養育者との充実したやりとりがなされれば、触れ合う時間の長さは必ずしも

問題ではないように思います。

(4) 生後9，10ヶ月から1歳頃までの子ども

　この頃の子どもに対して「ちょうだい」と言うと，そのものを手渡せるようになったり，指さしをしたり，人との間にもの（媒介項）をはさんだやりとりができるようになります。また，子どもの目の前にモデルがなくても，以前に見たり聞いたりしたことであれば，真似をすることができるようになる「延滞模倣」や，積み木を車に見立てたりして遊ぶことなどが見られます。これは，「象徴機能」が芽生えてきたことを意味します。「象徴機能」とは，ものごとや出来事を何らかの記号に置き換えて，それが目の前に存在しない時にも記号によって認識することをいいます。象徴機能の代表的なものが，「ことば」です。また，ブラシを見せると，髪をとかす真似をするといったように，そのものの用途や機能に応じてものを扱う「慣用操作」もこの頃から盛んになります。

　この時期の子どもは，自分では判断できないような不確かな状況に置かれると，そばにいる母親などの顔色をうかがって，感情や意図，動機などを推測して，自分の行動をコントロールするようになります。たとえば，はじめて出合った動くおもちゃなどに対して，この時期の多くの子どもが戸惑いを示します。安心して遊べるものなのか，怖いものなのかわからず不安だからです。そのような時，そばに母親などがいると，その顔を見ます。もし母親が笑顔を見せれば，安心してそのおもちゃに手を出しますが，びっくりした顔や怖そうな顔を見せれば，手を出すのをやめてしまいます。これを「社会的参照」あるいは「他者への問い合わせ」ともいい，他の人の感情を手がかりにしながら，自分がどのように行動するかを決めているようです。このように幼い時期から，子どもは養育者の表情を読み取る能力をもっているのです。

　「延滞模倣」「象徴機能」「慣用操作」「社会的参照」どれも自分の好きな，身近なおとなへの関心やそのおとなと同じことをしたいという思いの表れです。これらがことばのもとになる子どものイメージを育て，やがてことばが生まれてきます。

3. ことばの土台づくり

　ことばの土台を築くためには，子ども一人ひとりに応じた環境づくりがなにより大切です。まず，ことばの前提条件のどこまで獲得しているかを「2. ことばの前提条件」を参考に調べてみましょう。ことばやコミュニケーションの発達は，周囲の働きかけだけでは決まりませんが，その子どもが本来もっている力をできるだけ引き出すためには，まわりのおとなの配慮が欠かせません。ここでは，子どもの例を挙げながら，どのような環境をおとなが用意していったらよいかを考えてみましょう。

(1) 全般的に泣くことや声を出すことが少ない子どもの場合

　全般的に泣くことや声を出すことが少ないということは，ダウン症や自閉症の子どもに多いのですが，その他の子どもの場合でも，おとなしいのでどうしてもひとりで寝かせておきがちになります。しかし，おとなが積極的に話しかけるなどして，子どもからの反応を引き出すようにかかわることが必要です。

　積極的に話しかけるといっても，ただたくさん話せばいいというものではありません。どんなに小さな子どもでも，ちゃんと目を見て，はっきりした抑揚のある声で，愛情をこめて話しかけなくてはいけないということが，わかっています。また，この時，一方的に話しかけるのではなく，子どもの反応をよくみながら，タイミングよく話しかけることも，子どもからの反応を引き出す重要なポイントです。

(2) ものにばかり関心がいってしまい，人とのかかわりが少なく，表情の乏しい子どもの場合

　一般的に子どもは，生後間もなくから，前述したような何らかの信号を出して，おとなとのコミュニケーションを図っています。これは，まだ意図的なコミュニケーションではありませんが，子どもの泣きや発声にタイミングよくおとなが応じていると，子どもはやがて要求を伝えることの必要性を学び，コミュニケーションの存在に気づいていきます。しかし，自閉症の子どもに代表

されるように，泣いたり，笑ったり，視線を合わせたりといった，子どもからの信号が弱いと，ますます人とのかかわりが薄れ，ものとの関係の方が強くなってしまいます。このような子どもに対しては，一度，思い切って，おもちゃやものを片づけてしまい，その子どもが喜びそうな，身体を使ったおとなとの遊びをしてみてください。おんぶでも，だっこでも，くすぐりっこでも，その子どもの喜ぶ遊びなら何でもよいですから，ひまをみつけてはやってみましょう。この時大切なことがつぎの3つです。

①同じ遊びを長時間，切れ目なく続けるのではなく，遊びのはじめと終わりが，はっきりと子どもにわかるように区切りをつけて働きかけること。

そのためには，おとなの得意な短い歌を1曲決めておいて，その歌を歌っている間だけ，おんぶやだっこなど，その子どもの喜ぶ遊びをするといった方法もあります。また，手遊びなどもたいへんよい方法です。1種類でもかまいませんから，お気に入りの遊びを見つけて，家事や仕事の合間に，できるだけたくさんやってみましょう。

②遊びが1回終わるごとに，おとなはしばらく子どもの様子を観て，子どもから何らかの形で要求が出たなと思った時に，はじめて応じること。

子どもは，口を少し動かすだけかもしれません。あるいは手を伸ばしてくるかもしれません。どんな小さなサインでも，「もう1回やって」と，子どもが要求しているなと感じたら，すかさず，子どもの目をしっかりと見て，「もう1回？」「そう，もう1回やってほしいのね」と，子どもの気持ちを言語化してから再びやってあげましょう。

③子どもと楽しさを分かち合うこと。

このことが何といっても一番大切です。

このようにおとなが楽しくかかわりながら，おとなと遊びたいという子どもの要求を引き出していくと，「人とかかわることは，おもちゃよりおもしろいな」と，子どもは感じるようになっていきます。それとともに，自分の要求を人へ伝えるというコミュニケーションの存在にも気づいていくでしょう。また，子どもが何らかの方法で要求を表せるようになったら，それに上手に応えてあげると同時に，今度は子どもに同じことを要求して，追いかけっこやボールの

受け渡しなどの「やりとりゲーム」へ発展させていきましょう。そうすれば，子どもからの一方的な要求の段階から，自分が相手の要求に応えるといった「役割の交代」を理解することにつながります。このことは，後の言語発達にとってたいへん重要です。

(3) 何らかの意図的なコミュニケーションができるようになったら

この頃には，簡単な動作や声の真似ができるようになります。この真似は，言語の発達にとって欠くことのできない大切な能力の1つです。わらべ歌や手遊びなどの遊びを通して，自然に真似を引き出すようにしましょう。真似をしようとしない子どもに対しては，逆に子どもの動作をおとなが真似してみるのもよい方法です。

(4) 理解はできているのに，ことばとして話せない場合

何回も繰り返して無理に言わせようとすると，話す意欲を失わせてしまいます。このような子どもに対するおとなのことばかけのポイントはつぎのようなものが考えられます。

① 子どもが，今，関心をもって見ていると思われるものを，子どもの理解できるような短いことばで言語化して，子どもの気持ちを共有するように話しかけましょう。たとえば，犬を見つけて子どもがびっくりしたように指さしをしていたら，「大きなワンワンいたね」「ワンワンいてびっくりしたね」と，気持ちを伝えたいという子どもの思いをくみ取ってことばで返してあげましょう。

② 子どもがことばの一部だけしか言えない場合でも，意図を察して正しい発音を返して子どもの伝えたいという気持ちをくみ取っていくことが大切です。

③ 指さしなどで子どもが何かを要求した時，黙って応じるのではなく，「えんぴつとってほしいの？」「そう，じゃ，えんぴつとってあげるね」というように，ものと名前が一致するようにことばかけをしましょう。

④ 子どもの気持ちや動作も，子どもの理解のレベルに合わせた簡単な短いことばで言語化してあげるようにしましょう。名詞と違って気持ちや動作は

目に見えにくいため，その都度，ことばにすることによって，子どもはことばの意味を学んでいきます。転んで泣いたときには，「いたい，いたいだね」とか，おいしいものを食べたときには，「おいしいね」，いすからおりる時には「おりようね」などいろいろあります。

つぎに，ことばの土台を築くためには，子ども一人ひとりに応じた環境づくりがいかに大切かということを，事例を通してみていきたいと思います。

(5) 事例──双子のＭちゃん

　Ｍちゃんは，1歳6ヶ月児健康診査（1歳半健診と略します）の発達相談を勧められ，来談した子どもです。その時は，こちらの働きかけにも無表情で，発達相談員である筆者とも視線を一度も合わせてくれませんでした。話せることばは，「ワンワン」のみで，指さしもしませんでした。1歳半を過ぎたのに，名前を呼んでも振り向かないことと，言えることばが「ワンワン」のみであることをお母さんが心配していたので，念のため，病院で聴力の精密検査をしてもらいましたが，異常はありませんでした。ただ，眼の方はいくぶん斜視ぎみとのことでした。そのためか，お母さんは，Ｍちゃんと双子であるお兄ちゃんに比べて，子どもの頃からＭちゃんは，視線を合わせないとも感じていました。

　お母さんのお話から次のようなことがわかりました。お兄ちゃんの方は，ことばもよく理解でき，何かとおとなに働きかけてきたり，要求も多かったりしたので，ついついかかわる機会も多くなっていました。それに対して，Ｍちゃんは，自分から他の人に働きかけるということはほとんどなく，ひとりで動き回っていることが多かったそうです。その結果，お母さんやお父さん，おばあちゃんのだれとも，1対1で，じっくり遊んだという経験がなかったことがわかりました。そこで，お母さんにつぎのようなお願いをしました。

①お兄ちゃんの相手ばかりではなく，お母さんをはじめとする家にいるおとなの誰かが，できるだけＭちゃんの相手を，1対1でしてあげてください。

②Ｍちゃんが喜びそうな，身体を使ったおとなとの遊びをしてください。おんぶでも，だっこでも，くすぐりっこでも，Ｍちゃんの喜ぶ遊びなら何でもよいですから，ひまをみつけてはやってみてください（この遊びをする

ときのポイントについては，p.97を参照)。
　③　一方的におとながたくさん話しかけるのではなく，Mちゃんのしぐさや発声にタイミングを合わせて，おとなが短いことばや動作で応じてあげてください（具体的な応じ方については，pp.98-99を参照）。

　1ヶ月後に再び来所したMちゃんは，表情も豊かになり，見違えるようでした。積み木を高く積み上げると，自分で手を叩いて，ニコニコしながら筆者の顔を見つめていました。ことばも「ニャンニャン，バイバイ，パンマン（アンパンマンのこと），ネンネー」と増えており，指さしもできるようになっていました。
　1歳半健診の時，お願いしたことを家族全員で実践したとのことでした。子ども自身に特別の障害がなく，自分からおとなに働きかけてくることの少ない場合，おとなの方で子どもの反応を引き出すような配慮をすると，このように短期間で症状が改善される場合がかなりあります。なお，このような配慮は，自閉症をはじめとする対人関係の問題を有する子どもと接する場合にも必要なものであり，人への関心を高め，コミュニケーション能力の向上を促すため，後の発達にとってもきわめて重要です。

4．子どもの気持ちに沿った豊かなことばかけ，働きかけ(1)

　ここでは，1歳から3歳頃までの子どもの発達と，それぞれの時期のおとなの配慮について述べます。

(1) 1歳頃から2歳頃
　個人差，環境による差も大きいのですが，平均して1歳頃までには，最初の意味のあることばがでてきます。最初は，「マンマ」ということばが，母親を指す場合にも食べ物を指す場合にも使われるといったように，1つのことばでいくつかの意味を表しています。何を言おうとしているか察して，応えてあげることによって，子どもは単語の理解を深めていきます。
　ことばの種類が増えてくると，「パパ　いた」「ブーブー　バイバイ」などの

二語文が出てきます。はじめは1つの言い方でいくつもの内容を示しているので、前後の文脈から意味を把握し、より文脈にあった表現で返してあげることも必要です。そのような経験を重ねるうちに、新しいことばが、どのような状況や動作に使われるかを学んでいきます。しかし、子どもの表現を言い直すという雰囲気を強く出してしまうと、気持ちを伝えたいという意欲をつみとってしまうので、子どもの言うことをよく聞いてあげたうえで、「そう、……なのね」というように子どもの意図をくみ取った正しい表現をつけ加えるようにしましょう。

また、内容的にも豊かな文が言えるようになるためには、豊かな体験が不可欠ですので、ふだんの生活のなかでの体験を言語化するように心がけましょう。ままごと遊びや散歩での会話などは、子どもとのおしゃべりを楽しみながら、ことばを育む絶好のチャンスです。ことばの教育はなかなかむずかしいのですが、毎日の生活のなかで自然に培うものなのですから、あせらず、少しずつ育んでいくようにしましょう。

(2) 質問期

第一質問期と第二質問期があります。第一質問期は、2歳前後から始まり、「ナニ？」などの質問がでてくる時期です。まさにものの名前を知りたいために質問を発する時期で、ことばの数も爆発的に増えるため、「命名期」とも呼ばれています。この時期の子どもは、乗り物や食べ物、動物などの写真や実物に近い絵が、カタログのようにたくさん載っている絵本を好みます。このような絵本を見せると、次々に指さしては、そばにいるおとなの顔を見ます。「ナニ？」ということばは言えなくても、「名前を教えて」と訴えているのです。

第二質問期は、3歳前後に始まり、「ナゼ？」「イツ？」「ドレクライ？」といったような質問が主になる時期です。子どもの関心は、ものの名前から、ものそれ自体に移っているようです。この時期の子どもの質問を無視したり、適当にあしらったり、多くを答えすぎてもいけません。つぎのようなことを心がけることが必要です。

①自由に質問できる雰囲気をつくること。
②質問することはよいことだと感じさせること。

③子ども自身が考える余地を残してあげるような回答をすること。

(3) 第一反抗期としつけ

　乳児期の養育者は，生理的欲求を満足させ，常に子どもを快適な状態にしてくれる人でした。しかし，子どもが3歳頃になると「～をしよう」という意図が芽生えてきます。このような子どもの意図は，社会のルールやその時の事情などで，かならずしも許されることばかりとはかぎりません。子どもの意図としつける側の禁止や制限がぶつかり合うなかで，子どもは自分の意図を通そうとして猛烈に自己主張を始めるのが，第一反抗期です。このような葛藤のなかで，子どもはがまんすること，すなわち自制心とか自律性というものを身につけていきます。

　ここで重要なことは，養育者がどのような態度でしつけにのぞむか，どのような禁止の仕方をするかということです。養育者の態度によっては，わがままな子になったり，自己主張のできない臆病な子になったりというように，子どもの性格形成にまで影響が及んできます。

　しつけを通して子どもが学ぶべきことは，わがままを通して自分の要求を押し通すことでも，自分の要求を放棄して相手に全面的に屈することでもありません。自己主張自体は，悪いことではなく，自己主張の方法が問題なのですから，社会的に認められる方法を身につけさせる必要があります。相手の要求を受け入れながらも，一定の制限のなかで，いかにして自分の要求の実現を図るかということを学ばなければなりません。順番を待つとか，あしたまで待つというかたちで，要求を一時延期させるとか，代わりのもので満足する，あるいは複数の要求に順位をつけ，もっとも重要なものだけを親に要求するということを学んでいきます。

　また，しつけを通して子どもが学ばなければならないもう1つの重要なことは，良心とか道徳律といわれるものです。しつけにあたって養育者は，自分自身の道徳律に照らして，子どもの行為に賞罰を与えます。しつけが開始された頃は，子どもにとって，ほめられることが善いことであり，罰せられることが悪いことであるというように，善悪の判断は，子どもの内面にはありません。そのため，しつけを行う人が，子どもにとってもっとも重要な意味をもちます。

そして、その人は、もっとも信頼する親あるいはそれに代わる人でもあるので、子どもはかれらの愛を失いたくない、あるいは大切な養育者にほめられたいために、しつけに従うわけです。しかし、やがて養育者への同一視を通じて、価値の基準を内面化させていき、良心が形成されます。こうして子どもは、眼前に養育者がいなくても、良心に従って行動するようになっていきます。

しつけを通して子どもは、自分の欲求を律し、良心を育て、社会生活に必要なルールを身につけることになります。しつけがうまくいくかどうかは、基本的には、養育者と子どもの相互の愛情に基づく信頼関係にかかっているといっても過言ではないでしょう。

(4) 概念の発達

あるものと他のものが「同じ」か「異なる」かの判断は、色、形、大きさ、重さ、類、数などの概念を獲得していく際の基本です。子どものよく知っている日常品や動物などの絵や写真を利用して、「同じ」ということに気づくように働きかけましょう。その後に、「異なる」ということが理解できるようになっていきます。パズルや型はめなどで遊ぶのもよいでしょう。

子どもは、まず2歳半頃までに大小の概念を獲得し、それをもとにして、長短、軽重などの概念を次々に獲得していきます。

また、子どもが知っている「ネコ」だけでなく、他の形や色の違う「ネコ」も「ネコ」として認識することができたり、「ネコ」と「イヌ」は同じ「動物」の仲間であることがわかったりする類概念も獲得していきます。いろいろな絵本を見たり、動物園に行ったり、買い物や公園に行ったりして、さまざまな事物に接する機会を増やし、それらについてお話しましょう。また片づけの際にも、動物のおもちゃ、乗り物のおもちゃなどと分類して片づけるようにすれば、類概念の獲得を促します。同じようにブロックや積み木も色や形、大きさごとに片づけるようにすれば、色や形、大きさの概念が知らず知らずのうちに身についていきます。

つぎに、第一反抗期にさしかかった子どもへの対応に悩む母親への助言について、事例をご紹介します。

(5) 事例——かみつくFちゃん

　Fちゃんも，1歳半健診の心理相談にみえたお子さんです。お母さんの悩みは，おもちゃをお姉ちゃんに取られたり，自分の思い通りにならなかったりすると，お父さんやお母さんなどそばにいる人にかみつくFちゃんに，どう接したらよいのかわからないというものでした。

　お母さんのお話を伺っているうちにつぎのようなことがわかってきました。

　お姉ちゃんは，はじめての子どもで育て方がわからないまま，厳しく育ててしまったため，いつも親の顔色をうかがってから行動する子になってしまったとのことです。そのため，Fちゃんに対しては，何をしても一切，叱らず，受け入れるようにしてきたというのです。

　Fちゃんのように1歳半すぎ頃の子どもは，歩行やことばの獲得と，近い将来のことも頭のなかに描くことができるようになるといったイメージの発達に支えられ，自分の考えをもち，それを主張し始めます。これは，自我の芽生えの表れです。この頃を境に，養育者は，しつけを通して，社会のルールを子どもに教えていかなければなりません。

　自己主張自体は，悪いことではなく，Fちゃんのように，人にかみつくといった自己主張の方法が問題なのですから，社会的に認められる方法を身につけさせる必要があります。互いの要求が満足させられるような新しい要求を考えたり，ことばではっきりと自己主張するという子どもの行動を育てていくことが必要です。そのために，養育者は，子どもに理解できる方法で，社会的に認められる行為と認められない行為をはっきりと教えていくことが求められます。いっぽう，要求していることをはっきりと伝えない不明確な命令や，子どもが理解できないようなかたちでの対応では，かんしゃくを起こしたり，泣いたりして怒りや感情を表出しながら拒絶するといった未熟な行動での子どもの反抗を引き出してしまいます。

　また，自分がやりたくても，できないことがあるのだということも伝える必要があります。人を傷つけるようなことや危険なことは，絶対に許されないのだということを幼い頃から，しっかりと養育者は伝えていかなければなりません。そのためには，その都度，根気よく，子どもの目をしっかりと見て，養育者自身の気持ちをことばで子どもに伝えていくことが必要です。ことばの理解

できない幼い子どもでも，養育者の真剣な態度とことばの調子から気持ちをくみ取っていくものです。

　人は皆，生きていくうえでさまざまな欲求をもちますが，それらをすべて満足させることはできません。そこで，外界の状況と自分の内界の欲求とを調整しながら，必要な欲求を実現させるべく努力していかなければなりません。子どもがしつけを通して学ぶのはまさにこのことです。

5．子どもの気持ちに沿った豊かなことばかけ，働きかけ(2)

　ここでは，4歳から小学校入学前までの子どもの発達と，それぞれの時期のおとなの配慮について述べます。

(1) 4歳頃から5歳頃
　この時期の子どもは，何かものを分類したり，整理したりする基準やルールを探し始めます。しかし，分類の仕方や状況の理解の仕方が，その時々の目に見える目立った特徴に左右されてしまいます。
　また，他人の気持ちを考慮して，自分の行動をコントロールすることができはじめます。そのため，この時期の子どもは，恥ずかしがったり，ためらったりする行動が目立ちます。一見，後退しているようにみえますが，次の段階に進むための重要な営みが子どものなかでされているので，おとなは温かく見守っていくことが大切です。

(2) 5歳頃から6歳頃
　「ごっこ遊び」は，経験の断片を組み合わせ，流れをつくり出すようになります。役割分担も明確になっています。お話も夢とか回想のシーンを盛り込んだファンタジーも語られるようになります。また，聞き手の反応を意識して話に一貫性をもたせるようにもなります。

(3) 内言による行動調整機能の獲得
　ことばは他の人へ自分の思いを伝える伝達の機能（外言といいます）の他に，

自分の行動の計画を立てたり，調整をしたり，思考の支えをしたりする機能（内言といいます）をもっています。外言から内言が分かれ発展する過渡期に「ひとりごと」が現れると解釈されていますが，この「ひとりごと」は，就学を境にして消えることが明らかにされています。これは，内言に発展したためと解釈されます。つまり，「ひとりごと」のように実際に声に出さなくても，頭のなかだけのことばでものごとを考えたり，自分の行動を調整したりすることができるようになったということです。ルリヤ（Luria, 1960）の実験から，4歳半から5歳半にかけて，頭のなかだけのことばで自分の行動が調節できるようになることが確かめられています。

（4）読み書き能力の発達

生活のなかで文字に関連した活動を目にし，参加することによって，子どもは文字を自然に覚えてしまいます。文字の形の識別や音との対応づけを遊びのなかで発見し，親しんでいくなかで，何かを表すという文字の象徴性や働きにも気づいていくようです。関心をもった時には，あっという間に習得してしまいます。そのため，文字が書けるかどうかよりも，文字で表現したくなるような体験をさせることのほうが，子どもにとってはるかに財産になるのではないでしょうか。

（5）文字が習得される準備

天野（1986）によると，かな文字を習得するためには，
①ある単語を音節に分けることができなければなりません。たとえば，「あひる」ということばは，「あ」・「ひ」・「る」という音節に分けられるというようにです。
②その単語の最初の音節を取り出して言うことができなければなりません。「あひる」でしたら「あ」が取り出せるということです。

これらの「音韻的意識」は，「しりとり」などの遊びを通じて促されます。また，「いろはかるた」や「いろは積み木」「あいうえお」の絵本などは，音節と文字の対応を視覚的にとらえることも促しています。

(6) 数の概念

3歳くらいになると，ある程度の数の概念がわかるようになってきます。数を適切に数えられるというためには，つぎの5つの原理が必要であるといわれていますが，3歳児でもこれらの原理をかなり身につけていることが確かめられています。

① 1対1対応の原理：数えようとする対象の各要素には，ただ1つの数詞しか割り当てられません。
② 安定した順序の原理：用いられる数詞は，いつも同じ順序で配列されなければなりません。
③ 基数の原理：最後に唱えた数が対象全体の数を表します。
④ 順序無関係の原理：数える時には右からでも左からでも，どの対象から数えても対象全体の数は変わりません。数える順序は集合の数とは関連がないのです。
⑤ 抽象化の原理：対象の数が全部でいくつあるかを知るためのこれらの原理は，どんな対象に対しても適用できます。

数についての学習も，日常生活のなかで十分にできます。たとえば，おやつを分けたり，食事の準備や片づけをしたり，買い物に一緒に行って，品物を選んでもらったりすることも有効です。また，「すごろく」などの遊びを通しても，数の概念は培われます。学校の授業のように特別な時間を設けて，このような概念を身につけさせるというよりも，日常生活のなかでこれらの概念に注意が向くような働きかけをしていくことが重要と思われます。強制されている，無理矢理させられているという意識をもたずに，楽しみながら学習できるように配慮していかないと，その後の学習に意欲がもてなくなる可能性もあります。

つぎに，就学を目前に控えた事例への対応例を紹介します。

(7) 事例―ゆっくり着実に　Hちゃん

来年に就学を控えた5歳になるHちゃんのお母さんは，「何とか秋の就学時健診までに他の子どもに追いつくようにしてください」と，5月に相談にみえま

した。

　ぜんそくのため入退院を繰り返していたことも重なって，お母さんは，Hちゃんの発達の遅れをかなり気にされていました。何としても通常学級にHちゃんを入学させたいというのがお母さんの希望だったため，懸命に数や字を教えていました。

　Hちゃんに今，どのような働きかけをすることが，かれの発達を促すのかを知るために，お母さんの希望も踏まえて，まず，発達検査をしてみました。その結果，つぎのようなことがわかりました。

① 1から20くらいまでの数唱はできるのですが，4つの積み木を並べて，「いくつあるか数えてください」というと，同じ積み木を2回数えてしまったり，1つとばして数えてしまったりします。これは，数を適切に数えられるというための5つの原理のうちの「1対1対応の原理」が，まだ，獲得されていないためです。

② たくさんの積み木のなかから，「3つだけ積み木をコップに入れてください」と言うと，全部積み木をコップに入れてしまいます。これは，最後に唱えた数が対象全体の数を表すという，「基数の原理」がまだわかっていないためです。1から20くらいまでの数唱ができるというのは，「安定した順序の原理」を身につけているというだけで，上述の2つの他にも，数を適切に数えられるというためには，「抽象性の原理」や「順序無関係の原理」を身につけなければなりません。

③ 色や形，左右の弁別は，すでに身につけていました。

④ 長短，軽重などの概念を獲得する際の基本となる大小の概念が，まだ獲得されていませんでした。

　以上の結果から，数や量を理解するうえで基本となるような事柄を理解しないままきてしまったため，お母さんの努力にもかかわらず，数を適切に数えることができずにいることがわかりました。また，Hちゃんは，1つの課題に成功すると，拍手して，「3回やる」と自分から積極的な態度を示します。少し努力すれば自分にもできるなと思えば，自発的にそのことに取り組むお子さんだということも，発達検査を行っていてわかってきました。これらのことから，

数に関しては，日常生活の遊びやお手伝いなどの場面を活用して，基本原理が身につくような課題を，Hちゃんの理解しやすい形で用意してあげることをおすすめしました。また，一部の例外を除いて，人間の発達は，ある程度順序が決まっていて，1段階とばしたり，飛び越えたりすることはないため，ゆっくり着実に基礎を固めながらすすむことが重要であることをお伝えしました。

6．発達とは

保育カウンセラーとして発達支援や子育て支援をするためには，まず保育カウンセラー自身が，発達や子育てをどのようにとらえているのかということを整理しておくことが必要です。この作業を怠ってしまうと，発達支援や子育て支援を行っているつもりが，支援の対象者のためというよりは，保育カウンセラー自身の単なる自己満足にすぎないという結果に陥る危険性があります。

そこで，発達や子育てについての筆者なりの考えをまとめてみましたので，皆さん自身も，これらのことについてじっくり考えてみてください。

(1) 発達とは

発達とは，受精から死に至るまで，心身の構造と機能が分化し統合していく過程といわれています。しかし，それは，人間が環境に働きかけ，可能性の増大と自由の獲得を目指して，自らを変革していく過程でもあり，自分の人生を切り開いていけるようになるための力をつけていくことといえるでしょう。単に何かができるようになることが発達ではなく，何かができるようになることによって，その人の可能性や自由が広がっていくものでなくてはなりません。学校やある特定の訓練場面で，知識や技能を身につけても，それが直接的ではないにしろ，何らかのかたちで日常の生活場面で生かされなければ，発達とはいえません。また，発達の遅れを正常に近づけるということではなく，子どもが生を受けたその時点から，子どもの潜在的な力を子ども自身が最大限発揮していけるような環境を用意していくことが大切と思われます。

従来は，発達をおとなに向かっての進歩的な変化ととらえていました。しかし最近では，成人，高齢者も含めたすべての年齢における生き方の展開という

点から生涯発達の視点がとられるようになってきました。ですから，発達とは，一生涯続くゴールのないマラソンのようなものといえ，無理せず，自分のペースで走り続けることが大切ではないでしょうか。

(2) 子どもの発達に応じた適切な働きかけとは

　人間は，自分のもっている能力や発達レベルより少し高いものを必要とする環境に接する時，興味をもって自ら行動を起こすと，ハント（Hunt, 1961）はいっています。自分のレベルよりはるかに高い刺激に接すると，その刺激に対して恐怖心が起こり，そこから逃避しようとする気持ちが生じます。あるいは，自分はだめだ，能力がないといった挫折感が生まれます。逆に自分の能力より低い環境にばかり接していると，「なーんだ，そんなこと，もうわかっている」ということになり，興味がわきません。

　たとえば，すでに上手に自転車に乗れる子どもに自転車の練習をさせても，子どもはすぐに飽きてしまうでしょう。また逆に，自転車にまったく乗れない子どもに対して，手放し運転をいきなり要求しても，子どもは恐怖心や挫折感を味わうことになります。しかし，やっと自転車に乗れるようになった子どもにとって，自転車の練習は，楽しい遊びとなるでしょう。

　このように，ちょっと努力すれば，その子どもにもできるような遊びを用意することによって，「自分にもできるんだ」という「自己有能感」や「自分のやりたいことを自分でやっている」といった「自己決定感」を味わわせることができます。この自己有能感や自己決定感こそが発達の原動力となります。これらを子どもたちが，味わえるような環境を用意することが子どもの発達に応じた適切な働きかけということにもなります。

　つぎにご紹介する事例は，自分の発達レベルより高い刺激に接し続けたために，その環境から逃避しようとする気持ちや，自分はだめだ，能力がないといった挫折感を育ててしまった例です。

(3) 事例――幼稚園に入れば……　Kちゃん

　幼稚園に入園すれば，Kちゃんの発達の問題は解消されると，ご両親は信じ

ていました。しかし，友達との差は広がる一方で心配になり，Kちゃんが4歳9ヶ月の時，相談にみえました。

　Kちゃんは，1歳半健診の際，ことばを1つも話さないこと，ことばによる簡単な言いつけに従えないことを理由に，心理相談を保健師さんに勧められました。でも，この時，お母さんは「特別心配はしていないから」と，心理相談を受けずに帰りました。Kちゃんが2歳になった時，質問票を送付したところ，二語文はまだ話さず，ことばによる簡単な言いつけに従えないとの回答だったので，「発達相談」への来所をお勧めしました。その後も何度かお誘いしたのですが，Kちゃんが4歳9ヶ月になるまで，来所はされませんでした。ご両親は，「今までも，ことばや行動面の遅れを感じていたが，幼稚園に入れば何とかなると思っていた」とのことです。

　筆者が最初にお会いした時のKちゃんは，できそうだなと思える課題には，集中して取り組めるのですが，自信のない課題は，すぐに「わかんない」と言って拒否してしまいました。そこで，幾分易しすぎると思えるような課題を用意することによって，Kちゃんに自信をつけてもらうことを第一に考えました。そのうえで彼女に身につけて欲しい基本的な事柄が，遊びや日常生活を通して，自然に学んでいけるような環境を，ご両親に用意していただくようにしました。

　その後，定期的にKちゃんは，ご両親と一緒に来所されています。Kちゃんの発達は，ゆっくりですが，着実にいろいろなことができるようになり，彼女自身の自由と可能性を拡大しつつあります。

　この事例からもおわかりいただけるように，すべての発達上の問題が，集団に入れさえすれば解決されるというわけではありません。Kちゃんや前述のHちゃんのように，認知的な発達面で援助を必要とする子どもの場合，その子どもがどこの段階でつまずいているのかをしっかり把握して，その部分を乗り越えられるような支援をおとながしていく必要があります。また，人への関心の乏しい前述のMちゃんのような子どもの場合も，子どもだけをいきなり大きな集団に入れてしまうのではなく，まず，おとなとの1対1の関係をしっかり育てていくことが重要です。

　発達上の問題は，早期に発見し，早期に支援をした方が，問題が複雑化する

ことを防げます。

(4) 子育てとは

　自分で人生の問題を乗り越えていける自立した子どもを育てるためには，過保護でもなく，放任でもなく，過干渉でもなく，愛情をもって，親自身の信念にのっとって育てることが大切です。そのためには，子どもの身になる，子どものいいところを発見して，「これでいいんだ」「たいしたものだ」とほめ，支持することとともに，社会のルールを身につけさせることが必要です。自己主張を抑える必要はありませんが，自己主張を満たす手続き，ルールを教える必要があります。また，他人の自由を奪わない限り，人間は自由である権利があるといえますが，他人の自由を奪う行為は断じて禁じなければならりません。子どもの状態に合わせて，その年齢に必要な規律を深い愛情をもって育てていくことが求められます。

　子育てとは，試行錯誤の連続だと思います。父親も母親も最初は初心者です。「こうすればいいのでは」「ああすればいいのでは」と思ったり，実行したりしてみて，うまくいかなかったら「別の方法でやってみよう」ということを繰り返しているうちに，親らしくなっていくのではないでしょうか。子どもを育てているつもりが，子どもによって，私たちおとなも育てられていると感じます。

　子どもを育てていくうえで，わからないことや迷うようなことに突き当たることも多いと思います。でも，どの親子にも当てはまる普遍的な子育てのマニュアルなど存在しません。自分たちに合った方法を，仲間たちや，時には保育カウンセラーなどの専門家の手を借りながら，考え出していくことが必要ではないでしょうか。そのような意味で，子育てとは，まさに創造的な営みといえます。また，悩みを率直に話し合えるような仲間をもち，子育てを親子ともども楽しんでいけるような支援が保育カウンセラーには求められていると思います。

注
（1）母性剥奪（maternal deprivation）：母性剥奪とは，母親あるいはそれに代わる人物からの世話やそれに伴う情愛的刺激を発達初期において子どもが喪失した状態を指す。

引用文献

天野　清（1986）．子どものかな文字の習得過程　秋山書店
Bowlby, J.（1951）．*Maternal Care and Maternal Health.* WHO.（黒田実郎（訳）（1962）．乳幼児の精神衛生　岩崎学術出版）
Hunt, J. MacV.（1961）．*Intelligence and experience.* Ronald.
Luria, A. R.（1960）．*The Nature of Human Conflicts.* Liveright, New York.（松野　豊・関口　昇（訳）（1969）．言語と精神発達　明治図書）
Portmann, A.（1961）．*Biologische Fragmente zu einer Lehre vom Menschen.*（高木正孝（訳）（1961）．人間はどこまで動物か　岩波書店）

トピック 16　乳幼児健康診査

　乳幼児健康診査（健診と略して呼びます）の目的の一つは，隠れた病気を早く見つけるということです。心臓に雑音があったり，身体のなかに腫瘍ができていたりしても，何の症状もなく元気で生活していることがほとんどです。もう一つの大きな目的は，その年齢に応じた成長発達を評価して，何らかの問題があれば，その原因を明らかにして，対策を立てるということです。

　このように乳幼児健康診査は，健康管理や病気などの早期発見のために，乳幼児の心身の発育の節目である時期に行います。4ヶ月児健診，10ヶ月児健診，1歳6ヶ月児健診，3歳児健診では，保健師，管理栄養士，歯科衛生士，臨床心理士などが育児や栄養，歯科について相談を行っています。

　10ヶ月児健診までは，先天的な病気の発見や運動発達などを重点的にみたり，離乳食の進め方の指導を行ったりが主ですが，1歳6ヶ月児健診以降は，とくに精神的な発達に関して問題の早期発見に努め，対応していきます。

　しかし実際の問題として，注意欠陥/多動性障害や広汎性発達障害の幼児では3歳児健診後に，保育所や幼稚園で集団生活をするようになってから，急激にさまざまな問題点が指摘されるようになります。多くは「集団行動が取れない，自分勝手な行動が多い，指示が入りにくい，一人遊びが多い」など集団生活を始めるようになって初めてクローズアップされてくる問題なのです。

　そこで，3歳児健診以降から小学校に入学するまでの間に，5歳児健診あるいは発達相談を行うことが望ましいとの主張がみられます。また，5歳児健診で終わりとするのではなく，5歳児健診の事後相談体制も必要度が高く，5歳児健診と事後相談とで一つのパッケージであるべきとする報告（小枝，2006）もあります。

　この報告では，事後相談は子育て相談，心理発達相談，教育相談の3つを柱として，5歳児健診からあがってきた種々の心配事に寄り添う体制，そして子どもによっては就学前から学校と連絡を取り合って，就学をスムーズに迎える体制ができることが望ましいと考えています。

　子育て相談は，発達障害に限らず，子育ての悩み一般に対応し，そのなかで虐待にも気づく相談として，心理発達相談は子どもの発達の評価を行い，アドバイスを行う

114　第5章　子どもの発達と支援

とともに必要によって医療機関や療育機関を紹介する相談として，教育相談は就学予定の学校と保護者との連絡調整役的な相談として体制を整えることが望まれるとしています。

　平成18（2006）年度から学校教育法が改正となり，通級指導教室の充実を図ることができるようになりました。こうした通級指導教室が，5歳児健診などで気づかれた発達障害幼児に対する指導の場として機能するようなモデル図がこの報告では示されています。

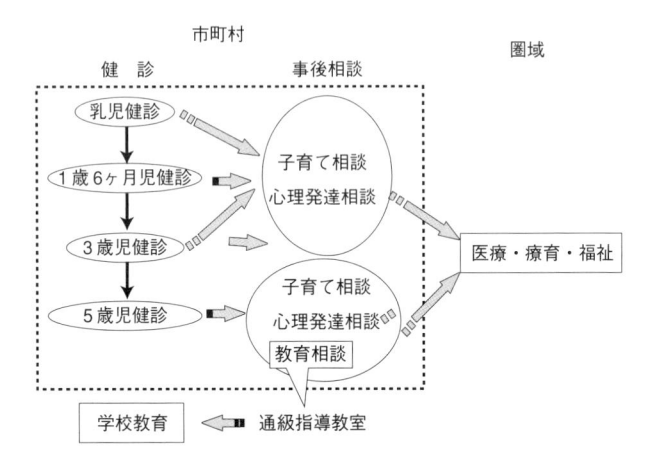

```
                市町村                          圏域
        健　診        事後相談
    ┌─────────────────────────────┐
    │ ┌──────┐                          │
    │ │乳児健診│──────┐                  │
    │ └──────┘       ↓                  │
    │      ↓      ┌──────────┐         │
    │ ┌──────────┐│ 子育て相談 │         │
    │ │1歳6ヶ月児健診├→│心理発達相談├──┐     │
    │ └──────────┘└──────────┘  │     │
    │      ↓           ↑         ↓   ┌────────┐
    │ ┌──────┐                    ├→│医療・療育・福祉│
    │ │3歳児健診├──────┘         ↑   └────────┘
    │ └──────┘                    │     │
    │      ↓      ┌──────────┐  │     │
    │ ┌──────┐  │ 子育て相談 │──┘     │
    │ │5歳児健診├→│心理発達相談│         │
    │ └──────┘  │ ┌──────┐ │         │
    │            │ │教育相談│ │         │
    │            │ └──┬───┘ │         │
    │            └────┼─────┘         │
    └─────────────────┼───────────────┘
                      ↓
              ┌──────┐    ┌──────────┐
              │学校教育│←──│通級指導教室│
              └──────┘    └──────────┘
```

発達障害の発見とその後の支援体制に関するモデル図

文献　小枝達也（2006）．平成18年度　厚生労働科学研究　軽度発達障害児の発見と対応システムおよびそのマニュアル開発に関する研究

（伊藤恵子）

6 危機介入

竹内貞一

1. 危機介入とは

　予期せぬこと，非日常的な出来事に遭遇すると，人は少なからずストレスを感じます。もしそれが災害，事故や事件，虐待や暴力など，自らの生命や身体，心の安全を脅かすような「危機」であれば，心に深い傷を負ってしまいます。このような状態の下で行う，短期集中的な心理援助のことを「危機介入（crisis intervention）」といいます。

　危機介入の目的は，危機的状況に陥って，心理的バランスを失っている人に対し，できる限り早く，そのバランスを回復させること，日常生活を再構築させることです。危機介入は，支援要請から時間を空けず，可能な限り早く行います。危機介入は，おおよそ下記の①〜④のステップを経ます。

①**危機状況のチェック**：発生した危機は何で，誰がどのような状況にあるのかをチェックする。心身の安全のため緊急保護，警察等への連絡，精神科医受診の措置等が必要であるかをチェックし，必要ならつなげる。

②**危機の発生原因と経過の理解**：危機の原因，危機状態にある人が，その事態にどのように対処しているか，その対処は適切であるかを評価する。

③**必要な介入方法は何か検討**：危機状況に対して有効な手立ての検討。まだ利用されていない手段，支援リソース（病院・相談機関・施設等）もリストアップする。

④**具体的な危機介入へ**：有効でない対処方法を改め，適切な対処方法や思考法は強化する。初期対処の確立へ向けた支援。外部の支援リソースを利用

した場合は，その機関等との情報共有を行う。

　上記の①～④で具体的に何をするのか，マニュアルが決まっているわけではありません。多くの危機介入事例に共通しているのは，当面の安全感を醸成すること，可能な限りユーモアを忘れずリラックスさせること，危機とストレスに対して心理的に対処する方法と，日常を取り戻す行動を強化することです。危機の状況と介入の目的に応じた，オーダーメイドの介入方法の検討が必要です。

　これらの過程を経て危機的状態を脱したら，危機介入は終了です。このように，危機介入はあくまでも当面の危機的状態と混乱を脱し，一応の安全感と日常生活を取り戻す第一歩を踏み出すまでの短期的介入です。問題の完全解決は目指しません。危機によって生じたさまざまな苦痛，外傷性ストレスなど心理面の本格的ケアは，その後，カウンセリングなどで行われます。

　保育カウンセラーによる危機介入では，直接子どもに向き合う事柄の多くを，現場の保育スタッフに委ねることになります。また事態によっては一時的に園外から応援の危機介入チームが入る場合もあります。そのため危機介入における保育カウンセラーの役割は，危機的状況を適切に評価し，子ども，家族，園の危機的状況を理解して，まず安全感の醸成，次に日常生活の再構成に向けた取り組みの具体化に向けて，情報と方法を提案し，園のスタッフを支援すること，チームによる危機介入システムをコーディネートすることといえます。危機に適切に介入するため，保育カウンセラーは，園の運営の仕組みを理解し，危機の際に果たすべき役割の確認など，日頃から園のスタッフとコミュニケーションをとっておくことが必要です。

2．虐待の種類とその対応

　保育の現場で直面しやすい危機は「児童虐待」であると考えられます。児童虐待は，閉ざされた家庭内で発生するため，なかなか表面化しにくいことが特徴です。しかし保育園，幼稚園，学校など，子どもと密接にかかわる機関から，児童相談所への通告数は，全体の虐待通告数の中で常に一定の割合を占め，虐

待の予防・発見に重要な役割を果たしているといえます。

　虐待にはさまざまな形態があります。現在，厚生労働省や国際的な統計においては，①身体的虐待，②心理的虐待，③性的虐待，④養育放棄の4つに分類することが一般的です。次項から，その分類に倣って説明を進めます。

(1) 身体的虐待

　身体的に暴力が加えられるタイプの虐待です。保護者の怒りなど衝動がコントロールされず，子どもにぶつけられます。擦り傷，切り傷，刺し傷，打撲，骨折，火傷，不自然な髪型など，他者から観察可能な痕跡がありますが，衣服に隠れている場合や，敢えて目立たないところに傷をつけている場合は発見が困難です。子どもが繰り返し怪我をする，怪我が治らない，傷などの付き方が不自然な場合などは，特に身体的虐待の疑いがありますので，注意が必要です。

(2) 心理的虐待

　怒鳴り散らす，暴言を吐くなどことばの暴力，子どもの自尊心を傷つける行為など，子どもの心理，情緒に対して作用するタイプの虐待です。また，子どもからのはたらきかけや存在を意図的に無視するような態度をとることもあります。子どもに対して「あなたに愛情をもてない」「あなたはいない方が良い」「あなたより〇〇の方がかわいい」など，子どもの存在そのものを貶める言動をとる場合も，心理的虐待に相当します。子どもの持ち物や制作物をむやみに捨てたり，壊すなどして，心情を傷つけることも，心理的虐待に含まれることがあります。心理的虐待は，身体的虐待などに比べ，発見が難しいです。過剰によい子でいようとしたり，極度に不安が強く，萎縮していたり，打ち解けにくかったり，大人を信用しなかったり，言動が荒いなど，行動面・情緒面に現れることがあります。

(3) 性的虐待

　性的行為やいたずらの対象にされたり，児童ポルノの対象として提供されるなど，子どもが直接的に性的被害に遭うタイプのものと，子どもを露骨な性的表現や場面にさらすなど，不適切な養育環境に置かれることによる，間接的な

性的虐待に相当するものがあります。加害者は実父，実母，義父，義母の他，きょうだい，祖父母や家に出入りする親類の場合もあり，時に保護者の交際相手，同居人である場合もあります。また，被害に遭うのは，かならずしも女児とは限りません。性的虐待にあっている子どもは，しばしば，家族から受ける虐待行為と愛情表現の区別がつかず，他者に対して，不自然な身体接触や性的な表現など，混乱した関係性の取り方をすることがあります。幼少期には，不安，不快感，羞恥心などが中心ですが，成長と共に，自己嫌悪，怒り，絶望感などが強まることがあります。

(4) 養育放棄

保護者が子どもを養育する責任を放棄している状態を指します。「ネグレクト（neglect）」ともいいます。ネグレクトは「無視する」という意味です。上述(2) の心理的虐待にも無視が含まれますが，その場合，子どもに対する不機嫌・いらだち・怒り・悪意から生じる無視であるのに対して，養育放棄で生じる無視は，そもそも子どもに対する極端な無関心が背後にあります。養育放棄には，子どもとの情緒的交流がもてないもの，衣食など身体的な世話を怠るもの，子どもを放置・遺棄するもの，子どもに対する教育を怠るものなど，いくつかの現れ方があります。上記の (1)〜(3) で見たような，積極的に加えられる虐待とは反対に，保護者が子どもにかかわらないことによる虐待といえます。養育放棄をされている子どもには，感情表出の乏しさ，身長・体重増加不良，不衛生・不潔な状態の放置，知的な発達の停滞などが見られます。

これらの虐待は，どれか1つに当てはまるものもあれば，いくつかの虐待のパターンが混在しているもの，この分類に当てはまりにくいタイプの虐待もあります。分類にとらわれすぎないことが大切です。

(5) 児童虐待の背景

児童虐待の発生原因については，さまざまな研究で，徐々に明らかになってきています。

虐待の加害者自身が，子どもの頃，家族から虐待を受けていた事例には比較

的多く出会います。「虐待を受けたことのある人は，その痛みがわかるから，自分の子どもには虐待を加えない」と考えがちですが，しばしば虐待が次の世代へと受け継がれていってしまうことがあります。このような状態を，「虐待の世代間連鎖」といいます。どこかでこの負の連鎖を断ち切ることが必要ですが，いま加害者である人物が，かつては被害者であり，その心の傷が癒されずに今日に至っている場合があることにも配慮を要します。児童虐待を指摘された家族は当初，虐待の事実を認めようとしませんが，適切な介入とカウンセリングを進めるうちに，加害者から「どうしても止められない」ということばを聞くこともあります。心理的に相当根の深い問題であるといえます。4種すべてで虐待の世代間連鎖は起こりえます。

　子どもの側の要因が，虐待を誘発しているケースも見られます。最近注目されているのは，発達障害をもつ子どもが身体的・心理的な虐待を受けやすいということです。注意欠陥／多動性障害（ADHD）や自閉症およびその周辺児（PDD）のように，落ち着きがなく危険な子ども，ことばによる指示が通りにくい子どもなどへ，保護者が養育困難を感じてうまくかかわれず，身体的・心理的虐待を加えるに至っている場合があります。その保護者は子どもの発達状況についての正確な情報が得られず，適切なサポートもなく孤立していることがあります。逆に，それらの機会に恵まれながらも，我が子に障害があることを認められず，「普通」の行動をさせようと焦るあまり，懲罰的な教育・訓練をしている場合もあります。これも虐待と見なされることがあります。

　子どもとの間に早期の愛着形成ができなかった場合に，養育放棄やその他の虐待が生じやすいことも知られています。出産直後，何らかの事情で一時的に親子が離ればなれになったり，妊娠・出産自体に否定的・拒否的であったなどの理由や，産後うつなどの精神的な問題から，子どもとの間にしっかりとした愛着が形成できず，養育に消極的あるいは子どもの存在に無関心になっている事例も見られます。低出生体重児や多胎出生児の保護者，精神状態が不安定な保護者，多子家庭の場合などは，親子間のかかわり方が良好であるかどうかについて，特に注意深い見守りが必要なことがあります。

　児童虐待は，子どもの心身に深い傷を残します。人格形成の基礎をなす時期の被虐待経験は，その時の苦痛にとどまらず，思春期の問題行動や大人にな っ

てからのパーソナリティ障害，その他の精神的不調の原因になるなど，その人の生涯にわたって，さまざまに影響を与え続けることがあります。しかし，虐待から救い出され，適切なサポートを得られれば，心身ともに回復できる余地は十分にあります。したがって，子どもの専門家には，子どもの虐待を見逃さず，子どものために最善となる積極的方策を取る責任があります。

(6) 対応の方法

　虐待対応の危機介入では，現在進行形の虐待を止め，それに伴う子ども自身と家族の危機状況を収拾し，虐待のない新たな日常生活を再構築するために，行動を起こすことが最大の目的となります。家庭で虐待が発生した場合，子どもの心身の安全のために家族からの隔離など，親権の制限や停止などを含む措置が取られることがあります。しかし，親権は法に基づく親の権利ですので，正当な理由と手続きなくしては，停止も制限もできません。したがって，保育者や幼稚園・学校の教員などは，たとえ虐待の事実を認識しても，直接，子どもを家族から引き離すなどの行為は行えません。この場合，子どもを救うためには，児童相談所等の公的機関による介入が必要になります。

　現在の児童虐待防止法では，「児童虐待を受けたと思われる児童を発見した者は，通告しなければならない」と定めています。虐待を受けた確実な証拠がなくても，その恐れがある場合には，通告する義務があるということです。しかし保育園・幼稚園などでは，虐待の疑いがある子どもを見つけても，保護者との関係が悪くなることを恐れて通告を躊躇することがあります。しかし，非力な子どもが苦境を脱するには大人の助力が必要です。保育カウンセラーは，通告を躊躇する園に対して，虐待事実の有無については児童相談所が確認すること，虐待の疑いが事実誤認であっても，通告者がその責任を問われないこと，通告は匿名でも可能なことなどを説明し，子どもの心身の安全を最優先に考え，通告について適切な行動がとれるように支援することが求められます（虐待関連法については本書第9章を参照）。虐待の通告は役所，児童相談所，福祉事務所などで受けます。児童（民生）委員，子ども家庭支援センター，保健所・保健センターなどと日頃から連携して，ハイリスク家庭を見分け，見守りを続けることによっても，虐待の予防，あるいは虐待発見時の迅速かつ適切な危機介

入を可能にします。保育カウンセラーは，担当する園や機関が関係する，地域の支援リソースを常に把握しておくことが大切です。

トピック17　保育現場から虐待を通報する場合

　保育現場で虐待を発見したら，児童相談所に通報することが望まれますが，どのように通報したらよいかは戸惑うところです。ここでは，電話での通報，書面での通報の2つの方法について具体例を紹介します。

例1　電話での通報

保育者：「○○保育園の○○ですが，虐待の通報でお電話しました」
児童相談所：「虐待の通報ですね。係りの者と代わります」
　　　　　　「児童虐待の担当者です。詳しく，お話ください」
保育者：「平成20年4月頃から，父親によって，子どもが言うことをきかない，また泣くからと言って週に2～3回ほどたたいたり蹴ったりすることがあるんです。体や顔にあざができたりすることがあります」
児童相談所：「今日の様子はどうですか？」
保育者：「今日も耳の下のほうにタバコの火をつけられたような痕があるので連絡しました」
児童相談所：「それでは，今日明日にでも○○保育園のほうに様子を見にお伺いします」

例2　書面での通報

虐待等（疑われる場合含む）の状況報告

（○県○市○区）○○保育所（園）
〔記入者〕（　　　　　）
TEL　　－
記入日：○年○月○日

(ふりがな) 被害児童氏名	杉の実太郎	性別	男・女	生年月日 (年齢)	○年○月○日 (3歳児)
保護者氏名	杉の実一郎	続柄	父		
加虐待者の氏名	杉の実一郎	続柄	父		
状況	身体的虐待・ネグレクト・性的虐待・心理的虐待・その他（　　　） 〔以下，概要を記入〕 ・誰から ・いつから， ・頻度は， ・どんな風に				
虐待通告の有無	有・無 （通告先） 児童相談所・県保育所担当課		通告日	○年○月○日	
その他連携している 関係機関名	警察・病院・学校・区生活支援課・その他（　　　）				

状況報告提出に関しては，個人情報保護のため十分配慮してください。ファックスは厳禁です。

（岡本　大）

3. 保育園で起こりうる危機とその対応

　危機介入が必要な事態には大きく分けて2つの場合があります。1つは，危機的状態が園内の個人の身に生じている場合，もう1つが，危機的状態が園全体に及んでいる場合です。

　前者は，園児個人や園児の家族の身に生じた事件・事故，虐待などが想定されます。その代表例として前節では児童虐待とそれに対する対処について述べました。

　後者は，ハラスメントやクレーム対応，さらには大規模災害，園内またはその近傍で発生した重大事故や犯罪などが想定されます。この場合，個人への介入と，園による介入の支援に加えて，「園への支援」が必要になることがあります。本節では，ハラスメントやクレーム対応による危機，ごくまれに起きる危機として，災害・事故・事件などの突発事案についてまとめます。

(1) ハラスメントやクレーム対応について

　さまざまなハラスメント（嫌がらせ）のうち，保育カウンセラーによる危機介入の対象となりうるのは，保護者等から園の職員へのハラスメントです。また，いわゆる「モンスターペアレント」による激しいクレームへの対応なども，園が危機にさらされる事柄の1つです。これらの事案では，当面の危機を脱するために，まず，被害職員や対応職員が園内で心理的に孤立しないようにすることが第一です。これは，職員の心理的危機を回避し，園の機能を正常化させるためには必要なことです。保育カウンセラーは，本章の最初（p.115）で見たとおり，介入ステップに倣って危機介入を行います。警察や専門相談機関の関与が必要かどうかを評価し，必要に応じて紹介します。危機介入のポイントは，問題を抱え込み動揺する職員を，園の対処システムの整備や外部リソースの活用で救い，再び日常業務を可能にすることです。被害職員に一定期間の休養が与えられた方が，むしろ日常業務への復帰を早めることもあり，安心して休暇を取れるように服務管理も含めた園全体の取り組みを促すことも検討する必要があります。

(2) 災害・事件・事故に対して

　近年，大地震などの災害，児童殺傷事件など，子ども・家族・園の安全が深刻に脅かされる事態が頻発しています。このような事態の当事者になることはまれですが，今までの経験や知識だけでは乗り切れない苦痛と困難と混乱を一度に抱え込むことになります。保育カウンセラーは，危機を体験した子どもたちに対して，安心・安全感を醸成するために，必要な手立てを検討し，それまで普通に送ってきた生活を取り戻せるようにはたらきかけます。一方で，園児らが危機的状態に陥っているのと同時に，その保護を担う園やそこで働く職員も被災・被害者であることが想定されます。支援者が支援によって受けるストレスである「二次受傷」の問題にも配慮しなければなりません。子どもたちにも職員にも，起こりうるストレス反応についての情報を与え伝え，リラクセーション法の実践など，簡単なストレス・マネージメントの方法を伝えることが必要な場合もあります。被災者同士のピア・サポートやセルフ・ケアへの支援も重要です。

(3) 危機介入の留意事項

　災害や事件，虐待の被害を受けた時，保護者の自殺を目撃した時など，子どもには深いトラウマが残ります。一時期，心的外傷後ストレス障害（PTSD）の軽減を目的として，悲惨な体験を積極的に言語化させたり，絵に描かせ，体験を整理し，感情を発散させることが良いとされてきました。これをデブリーフィング（debriefing）といいます。しかし，被災・被害の直後にその体験を表現させることで，子どもたちをさらに動揺させるなど，デメリットが次第に知られるようになり，今日では，危機介入段階でのデブリーフィングは行わなくなってきています。表現したくない子どもに無理に表現・再体験を強要しないよう，配慮のある危機介入が検討されるべきです。

　危機介入が必要な事態はそれほど頻発するわけではありません。危機に慣れているカウンセラーは，ごく一部の熟練された専門家に限られます。多くの保育カウンセラーは手探りで対応します。ですから完全・完璧な介入はありえません。限られた条件の中で，危機介入の目的を果たしうるよう，より良い選択を積み重ねることが必要です。

今までの方法では対処できない危機に直面した人は，危機介入により，新しい対処法を身につけ，危機を乗り切ることになります。また状況について，新しい受けとめ方を学び，認識が変わることもあります。これをリフレイミング（reframing）といいます。逆説的ですが，人にリフレイミングをもたらしうる危機は，人に成長の機会を与えうる（growth promoting potential）という考え方もあります。苦しみや悲しみを乗り越え，後々「災い転じて福となす」「雨降って地固まる」の喩えのように振り返ることができれば，危機介入は成功だったといえます。危機が生じないことは無論大切ですが，生じた危機をどう乗り越えたかは，もっと大切なことといえるでしょう。

危機介入の事例

母子家庭に暮らす4歳の男児Aは，秋頃から保育園を休みがちになり，送迎の母親に近況を聞いても，いまひとつはっきりとした状況が確認できないままでした。数週間の後，担当保育者は，A児が洗髪をせず，また服が不潔であることに気づきました。この時点で，担当保育者は養育放棄について疑いをもちましたが，自分の判断に自信がもてず，そのことを母親に確認するべきかどうか戸惑っていました。最近，母親の表情が険しく，話を切り出しにくかったのです。巡回相談の時，担当保育者は，保育カウンセラーにこのことを相談しました。保育カウンセラーは，担当保育者が虐待の可能性に気づいたことを全面的に支持し，一緒に園長と相談することを提案しました。担当保育者は，カウンセラーが一緒ならば自分が感じていることを説明できそうな気持ちになり，ようやく園長に相談ができました。保育カウンセラーは，担当保育者の説明を補い，園長もA児の状態が危機的であると理解しました。

A児はいたずらがひどく，保育者を困らせることが多かったのですが，保育カウンセラーが，ネグレクトされた子どもは大人にかかわってもらうために敢えていたずらをすることがあることを説明すると，保育者はA児のいたずらに単に腹を立てるだけではなくなり，A児との関係を取りやすくなりました。保育者の対応が変化すると，A児の行動も少しずつ変化してきました。

同じ頃，園長は児童委員に相談し，関連各機関による確認の結果，母親がうつ病であり，仕事も休みがちであったことがわかってきました。母親が治癒す

るまでの間，遠方に住む祖母が一時同居の形でA児の面倒をみることになり，A児は家庭・保育園で，必要な養育と支援を得ることができました。

この事例は，保育者が養育放棄を敏感に察知し，保育カウンセラーがそれを危機として取り上げたことにより，保育園と関連機関がこの危機に早期介入できた幸運な例であるといえます。

参考文献
児童虐待問題研究会（編著）（2008）．Q&A児童虐待防止ハンドブック　ぎょうせい
斉藤　学（編）（1994）．児童虐待［危機介入編］　金剛出版
斉藤　学（編）（1998）．児童虐待［臨床編］　金剛出版
氏原　寛他（共編）（1992）．心理臨床大事典［改訂版］　培風館　pp.216-219, 1140-1143.

トピック18　箱庭療法

　箱庭療法はドイツ語でSandspiel Therapieといいます。直訳すると，「砂遊び療法」という意味になります。箱庭療法は，子どもの内的世界を知る手がかりとして，とても優れた方法です。日常の保育活動の中では，厳密な方法では実施できないかもしれませんが，子どもの「お砂場遊び」との関連で，知っていると良いでしょう。

　箱庭療法は，ローエンフェルト（Lowenfeld, M.）のアイディアをもとに，カルフ（Kalff, D.）によって確立された心理療法技法の1つです。砂を敷き詰めた箱の中に，ミニチュアを使ってクライエントの内的世界を表現するものです。もともと子どものための心理療法用に成立したものですが，今日では，成人のカウンセリングの中で利用されることもあります。箱庭療法で使う道具は，主に3種です。

① 「箱」：72cm×57cm×7cmの箱を用います。厳密な規定はありませんが，このサイズの箱が一般的です。箱の内側は，青く塗っておきます。砂を掘ると，青い部分が現れて，川や池，海などになります。
② 「砂」：肌理の細かい砂を用います。①の箱に6分目位まで，たっぷりと入れておきます。乾いた砂の箱，湿った砂の箱の2種があると，さまざまな地形などを表現しやすくなります。
③ 「ミニチュア」：人形や動物，樹木や家などの構造物，乗り物など，さまざまなもの。箱庭用のミニチュアとして販売されているものもあります。特に制約はないので，石や貝殻なども使います。棚に並べておくと良いでしょう。

　箱庭療法には，決まった方法や手順はありません。子どもは砂の入った箱を見て，ミニチュアを手にすれば，自ずと自分がいま何をするのか理解し，進んで箱庭で遊び始めます。カウンセラーは，原則的にその表現には干渉せず，見守ります。

　後で説明しますが，砂をいじることは，水遊びと同じように，生理的快感が強く，そのため心理的には深い退行をもたらしえます。そうすると子どもの心理的防衛が減

弱して，無意識に抑圧されていた欲求やメッセージ，心理的危機感が表現されやすくなります。直接的・具体的な状況を，ミニチュアで表現する場合もありますし，象徴的なイメージに投影することで，間接的に心理的な問題を表現することもあります。箱庭療法は，視覚的・触覚的な体験過程を経る非言語的な方法です。その退行の深さゆえに，本人が気づかないような，強い情動体験を伴う表現が引き出されます。カウンセラーは，その表現された内容を，ユングの分析心理学などを軸として解釈し，明確にしていきます。その過程で，治療は進展し，表現した子どもは，自分の内的な体験を，カウンセラーに受容された体験をします。

　ここで，アルコール依存症の父親の下で，母親がDVを受けていた保育園児（5歳・男）の例を挙げましょう。その子は，しばらくミニチュアを手にとっては，砂の上に置くのですが，どれもすぐに棚に戻してしまい，なかなか表現が定まりませんでした。約20分後に彼が遊び終えて残していったのは，荒涼とした砂漠の中に，柵に囲われた羊が2匹いるだけの箱庭表現でした。配置したアイテムは，たった6点（柵で四方を囲い，その中に羊が2頭）だけでしたが，その子の世界観を恐ろしいまでに物語っているのです。カウンセラーは，彼が家庭に抱いている不安を感じずにはいられませんでした。

　箱庭は無意識の欲求や衝動を表現させやすくなるため，時々，表現した者の心を危険にさらすほど，破滅的あるいは攻撃的で残酷な表現も引き出してしまいます。表現している本人の心を守るため，あまりに度が過ぎた表現には適切な介入が必要になることがあります。

　さて，水遊び，砂遊び，粘土遊びなど，触覚的感覚を刺激する遊びは，しばしば一過性の退行状態に導きます。その時，子どもは集中して遊びます。これは，水が無意識の母胎記憶に働きかけ，砂の柔らかな手触りや粘土の感触が，母親の肌の触覚イメージと重なることとの関連が考えられています。子どもはこうした刺激を受けて，忘我，あるいは無心になれるため，深層心理の表現が可能になります。子どもたちの砂場での遊びの中にある，そうした深層の表現を，保育カウンセラーはしっかりと観察し，子ども理解の一助とできるようになりたいものです。

箱庭の例
（本事例には関係ありません）

（竹内貞一）

7

支援者としての自己理解

藤後悦子・山極和佳

1. 支援者の家族観と子育て観が与える影響　　（藤後悦子）

(1) 2つの事例

　ここでは最初に2つの事例を紹介します。これらの事例を通して私たち自身の支援者としての自己理解について考えてみましょう。ある日，ある母親が，泣きながら相談に来ました。「2歳児の女の子を育児休暇明けで保育園に預けているのですが，子どもが毎日保育園に行きたくないと言って泣くのです。すぐに迎えにいってあげたいのですが，職場がとても忙しく，なかなか予定の時間通りにお迎えに行くことができないのです。予定より遅い時間にお迎えに行くと，子どもは私の顔を見たとたん『遅い』と言って，泣き始めます。土曜日に仕事があるときには，土曜保育を利用します。本当は，土曜保育を利用したくないのですが，仕事は休めないし，実家は遠いため，誰かに頼むこともできず…。しかたなく土曜保育をお願いしています。けれど，土曜保育の時も，やっぱり子どもはいつものように『ママ～』と言って大泣きします。子どもの泣き顔を見ていると私も本当につらくなります。この前，あまりにも子どもの泣き方がひどいので，保育園の先生から『今週も土曜保育ですか？　お子さんは，お母さんと一緒にお家で過ごしたがっていますね』と言われてしまいました。先生は，子どものためと思って声をかけてくれたのでしょうが，なんだか『母親失格』と言われた気がしてしまい，苦しくてたまらないのです」と一気に話して泣き崩れました。

　この事例では，子どもの泣き方がひどいことや，母親が仕事中心の生活に

なってしまっていることを保育者が心配し，母親に声をかけてみたという内容です。しかし，保育者のことばは，母親の心には響かず，逆に母親を深く傷つけてしまうこととなったのです。みなさんは，このような事例を読んで，どのような感想をもつでしょうか。きっとある人は，保育者と同じ立場で，「2歳の子どもが，お母さんと離れたくないと大泣きするのはかわいそう。それも土曜日にまで保育園に預けるなんて……。やっぱりかわいそう。お母さんどうにかしてほしいな」と思うかもしれません。またある人は，「お母さんも大変だね。2歳の子どもがいるのに，ゆっくり家で子育てする時間もないなんて。もっと職場の制度が整えばいいのに……」と思う人もいるかもしれません。

　さて，この事例で考えてみたいことは，もし子どもの年齢が4歳や5歳だった場合，保育者はこのようなことばを母親に投げかけていなかったかもしれないということです。子どもの年齢が小さければ小さいほど，私たちは一般的に，保育園に預けられている子どもを「かわいそう」と思ってしまう傾向にあります。その顕著な例は，産休明け保育についての考え方に現れています。

　阿部（2003）は，保育現場の182人の保育者に対して，「産休明け保育についてどのように考えているのか」という項目で，賛否を問い，その理由を尋ねました。その結果，賛成が約30％で反対が約20％，そして約50％の保育者がどちらともいえないと答えました。その中で0歳児クラスを担当している保育者の回答を見てみると，産休明け保育への賛成は約20％となっており，さらに低い結果となってしまいました。次に賛成の理由を分析してみると「問題のある家庭より保育が良い」「育児休暇制度の不備」「働く母親の支援のため」など，消極的な賛成が6割強でした。0歳児の育つ場所としての保育への評価ではなく，子育ての現状を考えると産休明け保育も仕方がないとする保育者の傾向が示されました。このように，0歳児という年齢で集団保育を利用することは，保育者自身にも戸惑いがあるのです。

　それでは，小さい子どもを預けている親の心境はどのようなものでしょうか？　保育現場の温かさや集団のもつ力を知っている人は，3歳児未満の子どもを預けることに対するとまどいは少ないようです。しかし第一子で，はじめて保育現場を利用される方は，3歳児未満の子どもを預けることに対する不安がとても大きいようです。「こんな小さい子どもを保育園に預けていいのかし

ら」「私が働く必要なんて本当はないのかも」「母親と離れて過ごすことで，子どもの心に悪影響をおよぼさないかしら」「子どもが初めてお座りしたり，歩いたりする姿を母親の私以外の人が最初に見るなんて我慢できないわ」などと，さまざまな思いが頭をよぎります。特に夫や祖父母から「こんなに小さい子どもを保育園に預けてかわいそう」などのことばをかけられると，母親はさらに葛藤が深くなり，子どもに対して「申し訳ない」という思いを強めてしまうのです。

次にもう1つの事例です。B君は，一人っ子の3歳児で，なかなかの乱暴者です。体も大きく，幼稚園の友達と遊んでいるかと思えばすぐにけんかになり，相手の子どもを泣かせてしまいます。B君の母親は，幼稚園に顔を出すのが，とてもつらいのですが，いたって明るくふるまっています。ある日，幼稚園の親睦会で先生が，B君のお母さんに何気なく「次のお子さんのご予定はいつ頃かしら？　きょうだいがいると，がまんすることも多くなって，わがままも減るかもね」と冗談のつもりで言いました。しかしこのことばがB君の母親を深く傷つけてしまいました。実は，B君の母親も次の子が欲しいと思い，何度も不妊治療を行っているのですが，なかなかうまくいきません。不妊治療は，金銭的な負担，肉体的な負担，精神的な負担が大きいものです。B君の母親は，不妊治療をすすめる中で「子どもは一人でもいいわ」と思うようになっていました。しかし両親からは，「きょうだいは必要よ」「治療しているんだから，予定はいつ頃なの？」と顔をみるたびに言われ，そのたびに落ち込んでいました。このような背景から「きょうだいがいるとわがままが減るかも」という先生のことばに，とても傷ついてしまったのです。B君の母親も泣きながら保育カウンセラーのもとに相談にきました。

さて，2人の母親の事例を紹介しましたが，これらの事例には私たちが一般的に抱いている価値観が見え隠れします。私たちは，小さい子どもを母親以外の人にゆだねることに対して，なぜ不安を覚えるのでしょうか？　私たちは，子どもの数が一人であることに対してなぜ気がねをするのでしょうか。これらの感情には，近代家族観や三歳児神話という価値観が関係すると考えられます。

(2) 近代家族観

日本の家族形態を振り返ってみると、明治時代までは農業が中心で、子どもは村の共同体社会の中で育てられてきました。しかし明治時代の中頃から軽工業分野で産業化が盛んになると、農業以外の仕事従事者が増え、中間階層級が出現してきました。大正時代に入り、世界的な新教育運動が展開されるなか、日本でも大正自由教育運動が開始され、家庭での教育が学校同様に重視されていくようになりました。この時代から、子育ては家庭の仕事であり、それを担っていく役割は母親であるという論説が展開され、良妻賢母が強調されていきました（阿部，2003）。

高度経済成長期に入り、「国民所得倍増計画」のもと、軽工業分野から重化学工業分野へと産業が移行し、都市に労働力が流れこみました。この時期に家族形態としての核家族が一気に広がっていったのです。当時、経済の発展を支えるためには、仕事に集中できる人材が必要であり、男性が仕事に集中し、女性が男性を支えながら子育てに専念するという性役割分業が最も効率的な労働力確保の方法だと考えられるようになりました。総務省の労働力調査によると、1975年は、女性の労働力率が最低を示し、家事専業者の割合が最高値を示しました。この1975年前後は、女性が最も家庭に入り、専業主婦化が進んだ時期であるといえます（鈴木，2004）。また、この性役割分業を支えるために、子ども2人と夫婦からなる家族を標準家族として、公団などの住環境の整備、配偶者控除の導入や年金の第三号保険者制度の導入などが行われていきました。以上のように、我が国では、高度経済成長期を通して、夫は仕事、妻は家事、夫婦と子ども2人からなる核家族という近代家族像が広がっていきました。

(3) 三歳児神話

乳児期は、応答的な環境が重要であり、子どもが泣いたり、笑ったりした時に、その反応をしっかり受けとめて応答的に返してあげることが大切です。特に子どもが不安になった時、困った時に、周囲の大人が抱っこしてあげたり、そばに寄り添ってあげたりすることで、子どもとの愛着関係が形成されていきます。このような子どもと大人との繰り返しのやりとりの中で、子どもは、ある人に対して信頼感を抱くようになり、初期の発達課題の1つである「基本的

信頼感」を獲得していきます。

　乳児期には，このような大人と子どもの1対1の対応が重要であることは，発達心理学の中でも自明のこととなっています。三歳児神話とは，この1対1の対応の担い手が，母親でなければならず，三歳児未満の子どもは母親の手で育てられるべきだという考え方です。これらの考え方が広まったのは，戦後の施設児童を対象として得られた母性剥奪という知見や性役割分業観などが強く影響しています。Bowlby（1951）は，1950年にWHO（世界保健機関）の要請を受けて，「家庭のない子どもは何を必要としているのか」というテーマについて調査を行いました。そして，当時ホスピタリズムとして指摘されていた，母親不在の状態の影響について考察し，愛着という視点から，子どもの初期段階の発達において母親との関係は必要不可欠であることを論証していきました（阿部，2003）。しかし現在では，愛着理論の重要性は認められつつも，母親に限定しない養育者や父親を含めた多面的な愛着形成についてもその重要性が認められるようになりました。

（4）理想家族以外は……

　近代家族像と三歳児神話によって，多くの日本人の心の中に，小さい子どもが家庭で母親に育てられ，夫婦と子ども2人からなる家族を理想化するイメージが形成されていきました。このような理想的な家族像ができあがると，この理想像にあてはまらない家族は，なんらかの社会的プレッシャーを感じていくこととなります。たとえば，離婚家庭，再婚家庭，里子の家庭，単親家庭，共働きで子どもを保育園に預けている家庭などは，世間の目を気にして肩身の狭い思いをすることもあるのです。

　さて，このことを保育カウンセリングの枠組みで考えてみることにしましょう。私たちは，少なからず近代家族像や三歳児神話の影響を受けながら，自らの子育て観を形成していきます。これは，支援者である保育カウンセラーや保育者自身についても同じことがいえます。それゆえに，気をつけておかないといけないことは，私たち自身が抱く理想的な家族像にあてはまらない家族を目の当たりにした時，なんらかの感情が生じてしまう可能性があることです。それは，その家族に対する否定的な感情であったり，極端な同情であったりする

かもしれません。また逆に，保育カウンセラーが抱く理想的な家族像にあてはまる家族に対しては，極端に賞賛したり，同一化してしまうかもしれません。

　保育カウンセラーが抱く家族観や子育て観は，保育カウンセラー自身が育ってきた文化や社会的な望ましさに影響されていることを自覚しておく必要があるのです。

(5) 保育カウンセラー自身の子育てのこだわり

　近代家族像や三歳児神話による影響以外にも，保育カウンセラー自身の育ちの中で大切にされてきたことや保育カウンセラー自身の子育てで大切にしてきたこだわりについても自覚しておく必要があります。なぜならば，自分の子育て観に合わない子育ての様子や自分の子育て観を否定されるような子育ての様子に対して，少なからず何らかの否定的な感情が生じてしまうかもしれないからです。

　たとえば，保育カウンセラーが幼少期に母親から「食事のときは，姿勢を正しくして，よく噛みながら野菜を中心に食事をしないといけないよ。食事の場所は，みんなのコミュニケーションの場所だから，テレビは消さないといけないよ」と教えられてきたとします。もし保育カウンセラーが上記のような価値観を大切にしているのに，相談者が「うちでは，おかずは好きなものだけを食べさせます。なので，夜のごはんなどはふりかけご飯だけになったりするんです。食事は楽しいことが大切なので，みんな本を読んだり，ゲームしたり，TVを見たりしながら食べています」という話を得意そうにしたとしたらどうでしょうか……。もしかしたら，保育カウンセラーは相談者に対していいようのない不快感を覚えてしまうかもしれません。

　同様にたとえば保育カウンセラーの幼少期に母親から，「子育ては，人も物も大切にしないといけないよ。だから，使い終わったタオルを縫って雑巾にするんだよ」と教えられたとします。そして，保育カウンセラー自身の子育てでも同じように物の大切さを子どもに伝え，必ず使いふるしたタオルを縫い合わせてぞうきんを作っていたとします。しかしもし相談中にある母親が「うちの子どもの学校で，きたないぞうきん持ってくる子どもがいるのよね。信じられない。ぞうきんなんかコンビニで買えばいいのに。コンビニの雑巾を買わずに汚

い雑巾もたせるなんて子どもがかわいそう」と話していたら，保育カウンセラーはどのような気持ちになるでしょうか。

このように，自分の価値観とは違う子育ての姿を目の当たりにした時，保育カウンセラーといえども不快感を生じてしまうことがあるかもしれません。

(6) 自分の子育て観の再検討

それでは，保育カウンセラーとして，どのような家族観や子育て観をもつことが求められているのでしょうか。その答えは，用意されていません。つまり，どのような家族観や子育て観をもってもいいのです。ただし，問題は，自分がどのような家族観や子育て観をもっているのかを意識化し，自覚しておくことです。なぜならば自分の家族観や子育て観をきちんと理解し，意識しておくことで，自己コントロールが可能となるからです。逆にいうならば，自分の価値観を意識化しておかないと，知らず知らずのうちに相手に自分の価値観を押し付けてしまうこととなるのです。

私たち人間は，一般的に人とコミュニケーションを行う時には，ことばによるコミュニケーション以外に，非言語的行動によるコミュニケーションを行います。つまり，私たちは，ことば以外の行動を通して相手にメッセージを伝えることになるのです。

たとえば，非言語的行動としては，相手との距離，座る位置，服装，目線，声のトーン，声の張り，声の調子，姿勢，雰囲気などが挙げられます。この非言語的行動と保育カウンセラーが理想とする家族観や子育て観がどのように関係するのか考えてみましょう。もし，保育カウンセラーが「子どもは3歳まで母親が育てるべきだ」という信念が強い場合，0歳で保育園を利用している母親に対して，保育カウンセラーは無意識のうちに目線，顔の表情，声のトーンなどを通して，相手に「子どもがかわいそう。母親失格」というメッセージを伝えてしまっている可能性があるのです。

しかし，保育カウンセラーが自分の価値観を意識しておけば，相談中に特定の相談者に不快感を覚えたとしても「お母さんが土曜保育に関する話をすると，どうも不快感を覚えてしまうな。これは，きっと私自身の『子育ては母親の手で』という価値観が反映しているのかもしれないな。気をつけておかないとい

けないな。お母さんの立場に立って，お母さんの状況をじっくり聴くことに集中しよう」と，自分の態度や感情をコントロールしやすくなるのです。保育カウンセリングで，相手を受けとめるためには，まず自分の価値観や傾向を理解し，相手との距離間を一定に保つことが重要となります。そこで，次節では，どのように保育カウンセラー自身の自己理解を促すことができるのかを詳しく述べていきます。

トピック 19　自らの「子ども観」を振り返る

子どもとのかかわりと子ども観
　さまざまな保育職に就いている保育者に対し，なぜその職に就いたのかを問うと，「小さい頃から子どもが好きだった」「子どもがかわいいと思ったから」と答える人も少なくありません。このようなきっかけはその人の子ども観の基礎となり，子どもとかかわることによって，この子ども観も変化していきます。

子ども観と保育カウンセリング
　ここでは，保育職志望学生（109名）が保育実習を経験することにより，子ども観にどのような影響をおよぼすかについて調べたものを紹介します（松永ら，2002）。そこでは，実習前の子ども観は，「かわいい」「元気な」といった情緒的レベルでの理想化されたイメージが多かったのですが，実習後は子どもの「個別性」「有能性」など，より具体的かつ多面的な子ども観に変化していました。このように，子ども観が変わることは，ある種の葛藤を伴うことも少なくありませんが，多くの学生がこれを乗り越えて充実した保育実習に取り組んでいることが示唆されています。

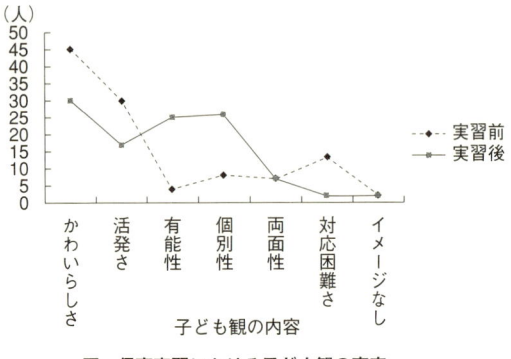

図　保育実習における子ども観の変容

2. 保育カウンセラーにおける自己理解　　　（山極和佳）

　他者とのかかわりにおいて，相手の心を理解する重要性は，誰もが知っており，心がけていることでしょう。
　カウンセリングを行うにあたっては，「相手の心」を理解するのと同じくらい，保育カウンセラーが「自分の心」を理解することが必要となります。「自分

　それでも，実習とは異なり，実際に保育者になると，新任の時からクラスを担当していき，多くの壁にぶつかりながらさまざまな葛藤も抱えていきます。保育カウンセリングで支援を必要としている人々の中には，保育者になってまだ日の浅い人々であることが少なくないと思われます。このような中で，当初（実習の時）の子ども観からの変化も含め，その人自身の子ども観も考慮していくことで，支援の方法も変わっていくのではないかと考えられます。こういった各人のもっている子ども観も気に留めながら援助していくことも，保育カウンセラーとして大切なことと思います。

子ども観を振り返る

　日頃さまざまな場面において子どもに接する機会があると，自身の小さな子どもの頃を思い浮かべることは時折見られます。一般に，思い出といわれるものですが，この思い出の中でも，その人のパーソナリティ形成に影響を与えるような出来事の思い出について，記憶の心理学では，自伝的記憶といっています。したがって，自伝的記憶については，過去としての単なる思い出のみならず，アイデンティティ（職業アイデンティティなど）の形成上大切なものであることも示されています。たとえば，佐藤（2008）では，教師にまつわる自伝的記憶について，教職志望意識の強い学生は，小学校低学年の時点で経験した出来事について，肯定的な出来事や影響力のある出来事が蓄積し，教職に就く動機づけのはたらきをもっているのではないかということが示唆されています。保育者について同様のことを考えていく場合，小学生の頃よりも自伝的記憶が曖昧ではありますが，その影響力は決して小さくないものと思われます。このような自伝的記憶は，その人の子ども観にもさまざまな点で関連してくるのではないかと思われます。

　このようなことから，新任の保育者，ベテランの保育者，さらには保育カウンセラー自身も子ども観を時折振り返ってみることは意味のあることかもしれません。

文献　松永しのぶ・坪井寿子・伊藤嘉奈子・田中奈緒子（2002）．保育所実習が学生の子ども観　保育士観に及ぼす影響 I　日本教育心理学会第44回大会
　　　　佐藤浩一（2008）．自伝的記憶の構造と機能　風間書房

（坪井寿子）

のことは自分が一番わかっている」とはよく聞かれることばですが，あまりに近すぎて見えにくいのも，自分の心といえるかもしれません。

ここでは，保育カウンセラーにとって自分の心を理解することがなぜ必要なのか，そして，どのように理解するのかについてみていきましょう。

(1) 保育カウンセラーにおける自己理解の必要性

ここではまず，みなさんに下の課題を行ってもらいたいと思います。そして，できれば，ほかの人にも同じように取り組んでみてもらって下さい。

課題 途中までの文章が提示されていますので，その先を続けて，文章を完成させて下さい。あまり深く考えすぎず，思いついた文章を書き入れて下さい。

①子育ては，＿＿＿＿＿＿＿＿＿＿＿＿＿＿＿＿＿＿＿＿＿＿＿＿
②保育者は，＿＿＿＿＿＿＿＿＿＿＿＿＿＿＿＿＿＿＿＿＿＿＿＿

さて，あなたは空欄にどのような文章を入れたでしょうか。

ほかの人にも書いてもらった方はよくわかると思いますが，完成された文章は，人によってまったく違う文章になっていることでしょう。それはなぜなのでしょう？

その理由は，子育てや保育者に対する「とらえ方」が人によって異なるからであり，そのとらえ方の違いは，みなさんの現在まで積み重ねてきた経験がそれぞれ異なるからと言えます。たとえば，子育てに対するとらえ方は，実際に子どもを育てた人とそうでない人では異なるでしょうし，また，実際に子どもを育てた人の間でも，その子育てがどのようなものであったかによって当然異なるでしょう。

過去の経験の産物である対象（物や他者）に対するとらえ方は，現在の私たちの対象とのかかわり方にも多くの影響を与えており，それは，多くの利点と同時に，弊害となりうる危険性をもあわせもっています。いわゆる「偏見」はこの代表といえるでしょう。たとえば，今，目の前にいる子どもを，「この子はひとりっ子だからわがままだ」と，過去にかかわった子ども，または過去に得た知識から決めつけてしまい，現在，実際に目の前にいる子どもの様子を歪め

て見て理解してしまうこと，このようなことは，本人も知らず知らずのうちに，つまり無意識的に行ってしまうことも多いのです。

　カウンセリングにおいても同様の問題が生じることがあります。たとえば，自分の母親との関係でつまずき，母親に対して嫌悪感情をもっている保育カウンセラーが，同じように母子関係の問題を抱えるクライエントとのカウンセリングにおいて，必要以上にクライエントに同調してクライエントの母親を敵視してしまったり，クライエントが母親の話をするのを避けようとしてしまったりすることがあります。つまり，保育カウンセラーの過去の経験によってつくられた母親のとらえ方が，本来はクライエントの問題を解決していくための現在のカウンセリングにおけるカウンセラーのかかわり方へ影響を与えてしまっているのです。この例からは，現在，実際に目の前にいるクライエントの見方，理解，かかわりを歪めてしまっているという点で，保育カウンセラーの過去の経験はカウンセリングの妨げとなる，不必要なものであるといえます。しかしながら，保育カウンセラーの過去の経験には，必ずしもそうと言い切れない一面ももっているのです。

　その理由の1つとして，上の例中で，「クライエントに必要以上に同調して」とあるとおり，保育カウンセラーは，必要な同調もまた自らの経験を通して行っているということが挙げられます。みなさんは子どもの頃，大人から，「相手の気持ちになって考えましょう」「自分がされて嫌なことは，他人にもしないようにしましょう」と言われたことがあるのではないでしょうか。これらのことばに表されているとおり，私たちは「他者の気持ち」を，「自分の気持ちや経験」を通して想像し，理解しているのです。また，そもそも保育カウンセラー自身も，意識的に記憶をなくすこと，つまり，自分の経験を白紙にすることはできません。この点で，過去の経験からの影響は，保育カウンセリングを行ううえで避けることはできないものなのです。それでは保育カウンセラーは，この問題とどのようにつきあえばよいのでしょうか。

　ここで必要となるのが，自分がこれまでの経験からどのような影響を受けているのかを自覚することなのです。つまり，保育カウンセラーにおいては，自分がクライエントとのかかわり方にどのようなくせをもっているのかを理解することが重要となるのです。

(2) 保育カウンセラーにおける自己理解の方法

(1) では，過去の経験からの影響という問題を通して，保育カウンセラーにおける自己理解の必要性について述べました。それでは，具体的にはどのようにしたら自分について知ることができるのでしょうか。

みなさんはこれまで，何か問題にぶつかり，あれこれと考えても解決方法がみつからない，そんな時に他の人に話をしたら，「なるほど！ そういう見方，考え方もあったのか」という思いもかけない，別な視点からのアドバイスをもらった経験があるのではないでしょうか。これと同様に，保育カウンセラーにおける自己理解でも，自分一人の見方に偏らないために，別の多様な視点から見ることが必要となります。

保育カウンセラーが自分を別な視点から見る代表的な機会として，自分が行っているカウンセリングの内容を他者に伝え，やりとりをするスーパービジョンという方法が挙げられます。スーパービジョンとは，カウンセリングの実際的な指導であり，自分の担当する事例の内容について，指導者に報告し，アドバイスを受けるものです。ひとりよがりの支援に陥らないために，実際の自分の支援内容について指導を受けるスーパービジョンは，保育カウンセラーとしての資質向上という点においても不可欠なものと言えるでしょう。

自分が行っているカウンセリングの内容をより多くの他者に伝える機会としては，学会や研究会を利用するという方法も挙げられます。これらは，事例発表や事例検討などとよばれるものです。このような場では，多くの他者に事例の内容を伝えることとなりますので，クライエントの個人情報についての十分な配慮が必要となります。しかしながら，自分が行っている支援内容を多くの他者に伝え，やりとりすることは，自分一人では気がつかない自分の側面を知ることのできるよい機会となることでしょう。

このように実際の他者に伝える方法に対して，他者のような視点で「自分という人間」の心を見て，理解するという方法も挙げられます。これは，よく言われる，「客観的に自分を見る」という方法であり，先に挙げたスーパービジョン等の経験を積み重ねてゆくことによって可能になるといえるでしょう。

このような，スーパービジョン等の経験が比較的浅い段階では，心理検査を利用するという方法も挙げられます。みなさんはすでに，カウンセリングにお

いて，心理検査がクライエントの心を理解するための，臨床心理学的アセスメントの方法の1つであることを学んでいることでしょう。臨床心理学的アセスメントとは，「臨床心理学的援助を必要とする事例（個人または事態）について，その人格や状況，および規定因に関する情報を系統的に収集，分析し，その結果を総合して事例への介入方針を決定するための作業仮説を生成する過程」（下山，2002）とされており，通常は，面接，行動観察，心理検査といった複数の方法を組み合わせて行われます。このように，異なるさまざまな方法を組み合わせて行うことで，クライエントについてのより広範な情報を得ることが可能となるのです。

　本節のはじめにみなさんが行った課題は，「文章完成法」という心理検査をもとに作成したものです。数多くの種類がある心理検査の中で，文章完成法は，どのように性格を測定するかという方法でわけた場合，「投影法」という方法に分類されます。投影法による心理検査では，被検者（心理検査を受ける人）に，課題のような未完成の文章や，絵，模様といった多義的な刺激を提示し，それを，「どのようにとらえたか」を回答として求めます。そのほかには，一義的な質問文に対する回答を選択肢の中から選ぶ「質問紙法」や，課題の遂行を求める「作業検査法」という方法の心理検査も挙げられます。心理検査は，その方法によっても程度は異なりますが，検査結果の数量的な処理および，個人間の客観的な比較ができるという点で，「自分という人間」の理解にも役立つことでしょう。

　そこで，次項では，質問紙法による心理検査の1つであるエゴグラム（東京大学医学部心療内科TEG研究会，2002）を例に，さらに具体的な自己理解の方法をみていきましょう。

(3) 心理検査を通しての自己理解─エゴグラムの利用

　心理検査は，それぞれ「人間の心」をどのようにとらえるかというパーソナリティ理論を背景にもっています。エゴグラムは，バーン（Berne, E.）によって創設された，交流分析（TA：Transactional Analysis）という理論に基づいて作成されています。

　交流分析では，人間の心は，親（Parent；P），大人（Adult；A），子ども

(Child；C）の3つの自我状態（思考，感情，行動パターンを包括したもの）から構成されるととらえられています。そのうち，親の自我状態は，批判的な親（Critical Parent；CP）と養育的な親（Nurturing Parent；NP）の2つの側面にわけられています。同様に，子どもの自我状態も，自由な子ども（Free Child；FC）と，順応する子ども（Adapted Child；AC）とにわけられています。したがって，人間の心は，CP，NP，A，FC，ACの5つの自我状態にわけることができるとされており，それぞれ次のような特徴をもつとされています。

親の自我状態とは，他者の面倒をみたり，世話をしている状況で中心となる自我状態であり，そのうちの，CPの自我状態は，責任感が強い，厳格である，完全主義，といった特徴をもっています。いっぽうで，NPの自我状態は，思いやりがある，世話好き，同情しやすい，といった特徴をもっています。

次に，大人，Aの自我状態とは，事実に基づき，物事を客観的かつ論理的に理解し，判断しようとする状況で中心となる自我状態であり，現実的である，冷静沈着である，客観性を重んじる，といった特徴をもっています。

また，子どもの自我状態とは，遊びやゲームに熱中している時や，大勢で騒いでいる状況で中心となる自我状態であり，そのうちの，FCの自我状態は，感情をストレートに表現する，明朗快活である，活動的である，といった特徴を持っています。一方で，ACの自我状態は，他者を優先する，遠慮がちである，人の評価を気にする，といった特徴をもっています。

これらのうち，どの自我状態が中心になるか，また，どの自我状態が強く，どれが弱いかというバランスは，場面や状況によって移り変わるものとなります。しかしながら，私たちはそれぞれに特有のパターンをもっており，それがその人を特徴づける思考，感情，行動のパターンとなるのです。

ここでは，自己理解の具体的な方法として，エゴグラムという1つの心理検査を取り上げました。

保育カウンセラーの自己理解においては，その他の心理検査や，前項で紹介したような他の方法とを組み合わせた多様な側面からの理解が必要であり，そのような機会を継続的，積極的に積み重ねていくことが，保育カウンセラーの基本的態度として重要になるのです。

引用文献

阿部和子（2003）．保育者のための家族援助論　萌文書林

Bowlby, J.（1951）. *Maternal Care and Maternal Health.* WHO.（黒田実郎（訳）（1962）．乳幼児の精神衛生　岩崎学術出版）

下山晴彦（2002）．臨床心理学における異常心理学の役割　下山晴彦・丹野義彦（編）　講座臨床心理学3異常心理学Ⅰ　東京大学出版会　p.23.

鈴木敏子（2004）．21世紀家族の展望―近代家族を問い直し，その先を見通す―　岸井勇雄・無藤隆・柴崎正行（監修）　金田利子・齊藤政子（編著）　家族援助を問い直す　同文書院　pp.15-32.

東京大学医学部心療内科TEG研究会（編）（2002）．新版TEG　解説とエゴグラム・パターン　金子書房

8

保育者のメンタルヘルスへのサポート

藤後悦子

1．保育者のメンタルヘルスへの保育カウンセラーの役割

　まえがきでも述べましたが，保育カウンセラーとして保育現場で勤務する場合，通常保育者のメンタルヘルスは，とり扱わないことを原則とします。これは，スクールカウンセラーとして学校現場で勤務する時も同じです。スクールカウンセラーの場合，教師からの相談内容として取り扱うものは，子どもや親の問題への理解や対応，または教育内容への助言や各種研修などに関するものです。教師同士の人間関係や個人的な悩みに関しては，原則的にスクールカウンセラーは，対応しません。あくまでも，子どもの問題や親の問題を軸とした枠組みでスクールカウンセラーは教師とかかわっていきます。

　スクールカウンセリングと同様に保育カウンセリングでも基本的には，子どもや親の問題に対する相談を軸とします。なぜ保育者の個人的な悩みを取り扱わないかというと，保育者同士の人間関係に巻き込まれずに，客観的かつ中立的な立場を貫きながら，親，子ども，保育者に対して心理臨床活動を行うことが保育カウンセラーに求められているからです。スクールカウンセリング事業の最終的な目標が学校の相談機能を高めることであるのと同様に，保育カウンセリング事業の最終的な目標は，保育現場の相談機能を高めることです。だからこそ，特定の保育者や管理職の仲間として見られることは，組織全体の相談機能を高めるための弊害となる場合もあるのです。

　しかしながら，保育者個人の相談に対して，まったく対応しないというわけでもありません。たとえば，スクールカウンセラーとして学校現場で勤務する

とき，もちろん教師自身の問題には直接足を踏みいれませんが，常に教師同士の関係性をアセスメントし，たとえば新任の教師や自己効力感が低下していると感じる教師がいる場合には，さりげなくその教師を励ましたり，その教師の長所を他の教師に認識してもらえるように言語化したりします。また，コーヒー飲み場や保健室などで，教師自身の多忙感や管理職への不満を傾聴したり，逆に校長室で教師に対する管理職の愚痴を聞いたりもします。スクールカウンセリングの枠組みでは，教師のメンタルヘルスには関与しないものの，教師のメンタルヘルスが健全に保たれるよう，スクールカウンセラーは，予防的な働きかけをしているのです。

予防的なかかわりの中で教師の個別カウンセリングが必要と判断された場合には，それをサポートできるような公的なバックアップ体制を利用するようにさりげなく促したりします。たとえば東京都の場合ですと，東京都教職員総合健康センターである三楽病院が中心となって，教師の精神状態をスクリーニングしたり，相談員が学校へ巡回相談にまわったり，さらには休職者へのフォローや復帰に向けた支援を行ったりしています。

このように，スクールカウンセラーが教師のメンタルヘルスへ予防的に介入しても，いわゆるカウンセリングに発展せずに，適切な外部機関にリファーできるのは，臨床心理士会やスクールカウンセラーを雇用する行政機関が，スクールカウンセリングの業務内容を明示しているからです。

それでは，スクールカウンセリングと比較しながら，保育カウンセリングの現状を考えてみましょう。保育現場の場合，保育カウンセラーは，園との直接契約で雇用されることも多く，その場合保育カウンセリングの枠組みは，保育カウンセラー自身が作りあげていかないといけないのです。また学校現場と比較して，保育現場は組織としての規模が小さいため，保育カウンセラーと保育者との物理的距離は，必然的に近いものとなります。その中で保育現場は，大多数が私立であり，多施設経営の保育現場を除いては，人事異動も少なく，ややもすると組織自体が閉鎖的になることもありえます。組織が閉鎖的であるということは，その中の人間関係も閉鎖的になる傾向があり，保育者間の人間関係のトラブルに保育カウンセラーが巻き込まれる危険性も高いのです。

たとえばある保育現場での保育者間の「いじめ」を取り上げてみます。『保育

士のメンタルヘルス』という本を書かれた重田先生は，保育現場での「いじめ」をパワーハラスメントとして取り上げており，「正論を押し付ける保育者」「肌の合わない保育者をいじめる園長」の2つの事例を提示しています。「正論を押し付ける保育者」の例は，経験30年のベテラン保育者が，就職後6年目の保育者から「そんなこともできないの」「何年保育者をしているの」と，親や子どもの前で怒鳴りつけられる様子が示されています。

「肌の合わない保育者をいじめる園長」の事例では，園長をはじめとする特定のグループから，保育内容について細かく注文され，園長の考え方に沿った高い目標が押し付けられるという内容が紹介されています。これらの事例は，保育現場では実際によくあるのです。

最初の事例のように保育者同士が，子どもや親の前で怒鳴りあう状況を保育カウンセラーが目の当たりにした場合，どのような対応を行ったらよいでしょうか。また，2番目の事例のように特定の保育観を無理やりに押し付けている状況を目の当たりにした場合，保育カウンセラーはどのような対応をとったらよいでしょうか。その他にも保育者が子どもに対して，常時感情的に接しており，精神的苦痛を子どもに与えていると思われる場面に遭遇した場合，保育カウンセラーは，どのように行動することができるのでしょうか。

スクールカウンセラーの場合，都道府県の非常勤職員であるということから，スクールカウンセラーの相談窓口が保障されていたり，スクールカウンセラー同士の地域研修会や連絡会というサポート体制があったりします。そのため適切なスーパービジョンやピアサポートが受けられ，どのように問題に対処すればよいか客観的な判断が可能となります。しかしながら，保育カウンセラーとして，個人的な契約を結んでいる場合，保育カウンセラー自身を支援してくれる場所が整っておらず，そのことが保育現場の問題に巻き込まれやすい状況を生み出すこととなりやすいのです。

最初の事例の場合ですと，どこまで保育カウンセラーが介入してよいか判断に迷う点もありますが，すくなくとも行ってよいことは次のことが挙げられます。たとえば，保育現場にハラスメントが横行しないようモラル向上の情報を提示したり，ストレスチェックやストレスの予防方法を保育者に研修やおたよりなどで伝えたり，保育者が困っている場合や疲れがたまっている場合には，

早めに外部機関を利用するようすすめたりすることが挙げられます。保育カウンセラーは，保育現場のメンタルヘルスの現状について理解したうえで，保育者の個人的な悩みには踏み込まず，保育現場の相談機能や健康度を保つために，どのようなことができるのかを常に考えておかないといけません。

2．保育現場のメンタルヘルスの現状

　保育者のメンタルヘルスを考えていくためには，保育者の置かれている状況を把握する必要があると考えます。現在，保育現場に求められるサービス内容はとても多く，特にエンゼルプランにより，保育者の役割は，子どもの発達保障に加え，親の子育て支援も担うこととなりました。保育者のメンタルヘルスの現状に関するデータとしては，大阪の自治体労働者の労働組合「大阪自治労連」が2295人の保育者を対象としてアンケートを実施したものが参考になります。アンケート結果によると，「仕事関連でのストレス」を「大いに感じる」と答えた人が43％，「翌日に持ち越す疲れ」が「いつも」または「よくある」と答えた人が48％に上っています（重田，2007）。つまり2人に1人が常に疲れを感じていて，それが慢性化している現状なのです。このように保育者のストレス状況が明らかになることで，社会的課題として，保育者の労働条件を考える動きが立ち上がっています。

　戦後最初に社会問題化された時期は，1960年代から1970年代にかけてです。この時期は，働きながら子育てをという要求が全国に高まり，急激な保育園の増加，および産休明け保育や長時間保育が開始されました。この時代，保育者の健康被害が続出したことにより，職業病健診を中心とした健康管理制度や患者の時間短縮勤務，職場復帰訓練などの職業病対策だけでなく，基本的な保育条件の改善として児年齢別の保育者配置基準や，フリー保育者の配置基準の改善などが実現されていきました（重田，2007）。

　保育現場をとりまく現在の社会的背景は，保育の市場化が急激にすすみ，保育予算が削減され，正規職員ではなく非常勤やパート職員の採用が主流となりました。そのいっぽう，保育現場へ求められるサービスは，さらに大きくなり，延長保育，病児保育，一時保育，異世代交流事業，次世代育成事業などさまざ

まな内容が要求されるようになりました。保育者はこれらの社会的要求に応えようと必死で働いています。しかし業務内容の増加に対して，人員削減やパート職員との情報共有の難しさ，気になる親や気になる子どもの増加に伴う対応の難しさなどから，保育者は，心身ともに慢性的に疲れた状態であることが調査結果により明らかとなりました。

　以上より，保育者の現状に対して，具体的な支援や職場環境の改善が急務といえます。

3. 保育者のストレス発生メカニズム

　それでは，保育者のストレスは，どのように発生するのか，そのメカニズムについて考えてみましょう。ストレスのメカニズムを簡潔に説明したのは，セリエのストレスモデルです。ストレスの要因を「ストレッサー」，ストレスによる症状を「ストレス反応」とし，これらの関係は図8-1のように示すことができます。

　はじめに，図の右側にある「ストレス反応」は，私たちのストレスがたまった時に反応として示されるもので，身体的反応と精神的反応にわけることができます。身体的反応としては，体調不良，下痢，便秘，頭痛，胃痛，食欲不振，食べ過ぎ，睡眠障害などが挙げられます。また，これ以外にも大きい病気であ

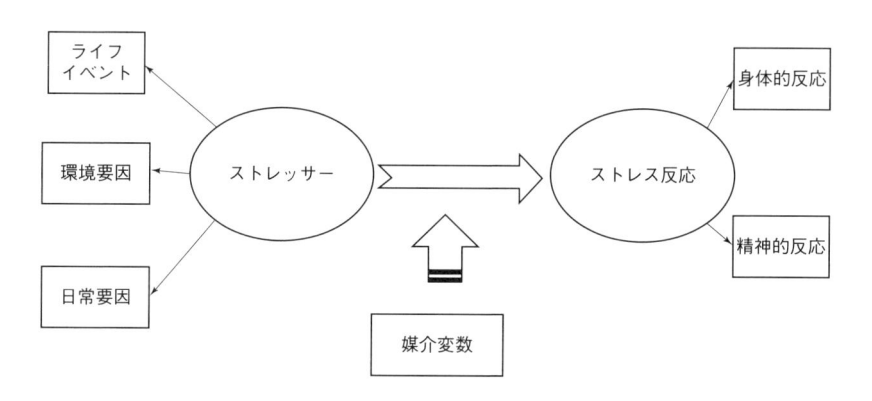

図8-1　保育者のストレスモデル

るガン，脳梗塞，心筋梗塞などもストレス反応の1つとして考えることができます。いっぽう，精神的反応としては，イライラ感，無気力感，不安感，緊張感などが挙げられます。

これらストレス反応が生じる要因は，図8-1の左側の「ストレッサー」として表現されます。ストレッサーは，ライフイベント，環境要因，毎日の些細な出来事である日常要因にわけることができます。はじめにライフイベントとは，人生上の大きな出来事のことで，具体的には，保育者自身のプライベートな出来事と，職業人としての出来事にわけることができます。プライベートなライフイベントとしては，結婚，出産，引っ越し，身近な人の死，夫の昇進，子どもの巣立ちなどが挙げられます。いっぽう，職業人としてのライフイベントは，担当クラスの変更，担当の組み合わせ，主任や管理職への昇格，運動会，生活発表会，クリスマス会，保護者会などの各種行事が挙げられます。

次に環境要因としては，保育室が寒すぎる，暑すぎる，花粉が多い，蚊が多い，建物の化学物質が強いなどが挙げられます。また保育現場特有の環境要因として，時差勤務，休息時間の不足，情報の共有化の難しさなどが挙げられます。最後に日常要因としては，プライベートな内容では，毎日の家族との関係，恋人との関係，友人関係などが挙げられ，職業人としての内容では，気になる子どもとの関係，気になる親との関係，職場の人間関係などが挙げられます。

以上，保育者のストレス要因とストレス反応の関係を見てきました。しかし同じようなストレス状況に遭遇しても，ある人はその状況をストレスと感じ，ある人はストレスと感じないことがよくあります。このように同じ状況に対して，ストレス反応に違いが出てくるのはなぜでしょうか？

図8-1をよく見てください。ストレス要因からストレス反応の間に，「媒介変数」と書かれた矢印があります。この媒介変数により，同じ状況においてもある人はストレスと感じ，ある人はストレスと感じないことがおこりうるのです。媒介変数としては，通常，ソーシャルサポートや個人的特性などが挙げられます。

ソーシャルサポートは，道具的サポートと情緒的サポートにわけられます。道具的サポートとは，仕事がたまった時に，分担して手助けしてくれたり，問題にぶつかった時に具体的なアドバイスをくれたりするサポートのことです。

それに対して，情緒的なサポートとは，仕事に失敗したときに，励ましたり相談にのってくれたりするサポートのことです。また媒介変数としての個人的特性としては，完璧主義や自尊心の低さなどが関連するといわれています。仕事への要求水準が高い完璧主義の方は，仕事の専門性や完成度は高いものの，完璧でない状況を許せずストレスをためやすい傾向となるのです。

　以上，保育者のストレス発生メカニズムについて述べましたが，保育カウンセラーは，このメカニズムを踏まえながら，保育者や保育者をとりまく組織全体をアセスメントしていきます。保育者にとって，何がストレス要因になっているのか，それがどのような反応として表出されているのかなどを明らかにし，保育カウンセリングの枠組みで改善策を検討します。たとえば，行事の回数はどうなのか，人間関係はどうなのか，サポート体制はどうなのか，情報共有はどうなのか，管理職との関係はどうなのかなどをアセスメントしていきます。その中で，たとえばストレス反応が高い職員に対しての情緒的サポートが少ないと感じたならば，職員室での会話やクラスに入らせてもらった時に「○○先生の挨拶は，とてもいいですね」「○○先生の笑顔で，子どもたちや親は安心しますね」など，保育カウンセラーが，保育者に情緒的サポートを提供していきます。このように保育者の良い面を本人および仲間の保育者に伝えていくことで，保育現場に情緒的サポートが発生しやすい風土を作り出していきます。保育カウンセラーとして，直接保育者の個人的相談は受けないにしろ，保育カウンセリングの枠組みの中で保育者のメンタルヘルスの問題に予防的にかかわっていくことはできるかもしれません。保育者の精神的健康度が高いということは，組織の相談機能を高めることにも大いに関係してくるのです。

4. 保育カウンセラーによる実践

　ここでは保育カウンセラーによる実践として，予防的に保育者のメンタルヘルスに対して介入した事例を紹介します。このような介入は本来ならば，いわゆる産業カウンセラーに位置づけられている方が行うべき内容ですが，あくまでも保育者自身の自己理解を促すという意味での研修および問題解決型コンサルテーションの実践事例として紹介します。

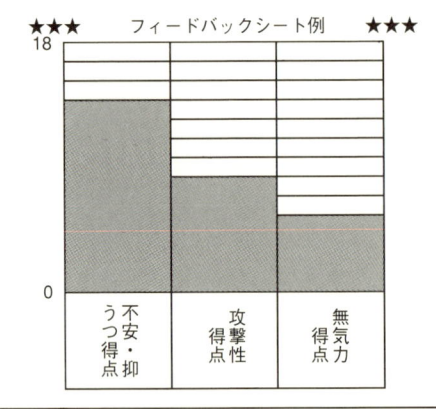

図8-2 フィードバックシート

　ある園では，保育カウンセラーが年に1回，保育者のストレス予防ということで，ストレスチェックを行い，一人ひとりに対して先ほどのストレス発生メカニズムの図（図8-1）を示しながらフィードバックを行うという活動を行っています。具体的には，希望する保育者全員に対して（これは強制ではなく，あくまでも希望者であることが大切です），簡単なアンケートを実施し，その結果をもとにフィードバックしていきます。ここでは，実際に実施したアンケート（表8-1）を示しますので，ぜひ皆さんもチェックしてみてください。

　このストレスチェックは，ストレス反応のスクリーニングを行うものです。ストレス反応として示される気分を「不安・抑うつ」「攻撃性」「無気力」の3つに分類し，どの得点が高いか，合計得点はどの程度であるかなどを見ていきます。ある人は，ストレスが高まると攻撃性が高まり，ある人は無気力になるなど，個人によってストレス反応の示され方は異なります。保育者一人ひとりが自己理解という視点からも，自分がどのようなストレス反応を示しやすいのかを把握しておくと，メンタルヘルスが悪化する前に自分自身で予防的な行動をとることが可能となるのです。

　ストレスチェック後のフィードバックでは，図8-2のようなシートを活用しながら，個人に対して15分ほど面接を行い，個人のストレス状況の確認とその

表8-1　心理的ストレス反応尺度（SRS-18; 鈴木ら，1997）

※ここ数日のあなたの状態について，各項目の当てはまるところに○をつけてください．

	全くない	あまりない	ややある	とてもある

第1因子「抑うつ・不安感情」

1. 泣きたい気分だ．	0	1	2	3
2. 悲しい気分だ．	0	1	2	3
3. 気持ちが沈んでいる．	0	1	2	3
4. 何となく心配だ．	0	1	2	3
5. なぐさめてほしい．	0	1	2	3
6. 何もかも嫌だと思う．	0	1	2	3

第2因子「不機嫌・怒り感情」

7. 怒りを感じる．	0	1	2	3
8. イライラする．	0	1	2	3
9. 怒りっぽくなる．	0	1	2	3
10. 不愉快だ．	0	1	2	3
11. 感情を抑えられない．	0	1	2	3
12. くやしい思いがする．	0	1	2	3

第3因子「無気力」

13. 根気がない．	0	1	2	3
14. 話しや行動がまとまらない．	0	1	2	3
15. いろいろなことに自信がない．	0	1	2	3
16. 何かに集中できない．	0	1	2	3
17. よくないことを考える．	0	1	2	3
18. ひとりでいたい気分だ．	0	1	2	3

※心理的ストレス反応尺度（SRS-18）をご使用の際は，市販版を購入してください（詳しくは，こころネット株式会社：http://www.kokoronet.ne.jp/fukui/srs/index.html をご参照ください）．

予防に関する話し合いを行います。一年に一回，保育者自身のストレス状況を確認し，自己の生活の中でどのように予防的な対処ができるのかを考える機会は，保育者のメンタルヘルス向上につながると考えられます。またこの個人面接の機会に，「○○先生，頑張ってますね」「○○先生がいてくれるおかげで，園に活気がでるようになりましたね」「○○先生の子どもへの対応はとても丁寧ですね」など，一人ひとりの保育者にとって自己肯定感につながることができるような内容を保育カウンセラーが伝えていきます。

　以上が，現在の保育者が置かれているストレス状況とストレスメカニズム，そして，予防的な介入について説明していきました。保育カウンセリングの枠組みを大切にしながら，保育カウンセラーとして，どの程度保育現場のメンタルヘルスの問題に関わっていくべきなのかということは，保育カウンセラーが置かれている立場を踏まえ慎重に検討していただければと思います。

引用文献
重田博正（2007）．保育士のメンタルヘルス—生きいきした保育をしたい！　かもがわ出版
鈴木伸一・嶋田洋徳・三浦正江・片柳弘司・右馬埜力也・坂野雄二（1997）．新しい心理的ストレス反応尺度（SRS-18）の開発と信頼性・妥当性の検討　行動医学研究, 4, 22-29.

参考文献
桐原宏行・高見令英・徳田克己・横山範子（1995）．保育従事者の職場適応に関する研究（4）：メンタルヘルスの視点から　日本保育学会大会研究論文集, 48, 632-633.
中島一憲（2000）．教師のストレス総チェック：メンタルヘルス・ハンドブック　ぎょうせい
善光彩子・磯野富美子・山崎喜比古・鈴木みゆき（2005）．保育士における腰痛症・頸肩腕症状とメンタルヘルスの関連要因　産業衛生学雑誌, 47, 335.

トピック20　保育現場が健康であるために

　保育カウンセラーは，保育現場が健康であるために，保育現場の中での虐待の発生，ハラスメントの発生に留意しないといけません。ここでは，マルトリートメントとモラルハラスメントの概念を紹介します。

　マルトリートメントとは，18歳未満の子どもに対する，大人や子どもによる身体的暴力，精神的暴力，性的暴力，ネグレクトなどのことを指します。このマルトリートメントの行為者は，親のみでなく，家庭外の人物もあてはまります。つまり，保育中に子どもを感情的に怒鳴る，子どもに対してたたいたり，蹴ったりする，おむつなどが汚れていても取り換えず放置する，子どもの性器をいじるなどの行為がマルトリートメントにあたります。

　モラルハラスメントとは，言葉や態度によって，相手を精神的に追い詰めることです。保育現場はチームでクラスを運営することが多く，対人関係が重視される職場であるだけに，モラルハラスメントにも留意しないといけません。保育場面で具体的に考えてみますと，ある保育者に対して「無視をする」「発言をすぐに否定する」「子どもや親の前で激しい口調で注意する」「保育観を否定する」「会議中に問い詰める」「陰で悪口を言う」などが挙げられます。

　保育カウンセラーは，本来職員間のモラルハラスメントには介入しませんが，保育現場が健康的であるために，これらの知識を保育者に伝えるというような園内研修を実施することも有効かもしれません。

（藤後悦子）

9

保育カウンセラーの法律基礎知識

小田桐　忍

1. 保育現場の法状況

(1) 生活世界1—法のはりめぐらされている領域

　法[1]は私たちの生活する世界（以下「生活世界」[2]という）の中に網の目のようにはりめぐらされています。したがって、「私たちは法の中で、法を使って暮らしている」(Dworkin, 1986) と言う人もいます。慌しく時間が過ぎ去る日常では、法に違反する行為のみが目立ちます。そのような時に、私たちは法の存在を痛感しつつ、確認するようです。しかし、そのような法の状況（以下「法状況」という）は病理的であるように思われます。反対に、健全な法状況では、私たちは当たり前のように法を順守しています。健全な法状況の下で、法は刑罰規定[3]として適用されることはありませんが、犯罪抑止力として私たちの内心に向ってはたらきかけているのです。

(2) 生活世界2—法のはりめぐらされていない領域

　生活世界1で見られた法状況が確認できない場合もあります。それは、私たちの生活世界の中には、法のはりめぐらされていない領域が存在するということを意味します。家族や友人などのように、愛情や友情に基づいて信頼関係が構築されている領域には、原則的に法が適用されることはありません。そのような領域では法に頼らなくても、話し合いや譲り合いで問題が解決できると考えられているからです。もちろん話し合っても結論に達しなかった場合には、

法的解決や法的救済への道が残されています。我が国の民法によれば，「権利の行使および義務の履行は，信義に従い誠実に行わなければならない」（民法1条2項）のです。この法理に倣って，誰もが偽ったり欺いたりすることなく，行為の基礎が誠実さに求められるならば，生活世界から紛争が消失することでしょう。

(3) 生活世界3―法による規定のなじまない領域

　生活世界2以外にも，私たちの生活世界の中には，法がはりめぐらされることのなじまない領域があります。たとえば，教育や医療などは，現に業務としてサービスの提供が行われる場所（以下「現場」という）で業務に従事できる者（以下「従事者」という）の資格については，法的規定があるものの，具体的なサービス内容[4]の選択および決定は，現場に一任されています。しかし，従事者が勝手にサービス内容を決めるのではなく，サービスの提供を受ける者（以下「クライアント」という）にとっての「最善の利益」が最終目標として掲げられることになります。そして，それは取りも直さずクライアントのニーズを満たし，その幸せを実現することでなければならないのです。

(4) 生活世界4―本章の取り扱う新しい法状況

　保育カウンセリングを含む保育の現場（以下「保育現場」という）では，従事者の資格や欠格事由は，児福法によって規定され，その労働条件は，労基法によって規定されています。しかし，具体的なサービスの方針および実施に当っては，クライアントとしての子どもとその保護者の最善の利益が尊重されるべきであるとする以外は，生活世界3と同様の法状況にあります。つまり，そこは法がはりめぐらされることのなじまない領域に属しているのです。

　こうした法のはりめぐらされていない領域における当事者（具体的には，保育園や幼稚園の設置者，施設長，従事者，子ども，保護者など）の間の問題は，何を基準に解決されるべきなのでしょうか。通則法は，「公の秩序又は善良の風俗に反しない慣習は，法令の規定に認められたもの又は法令に規定されていない事項に関するものに限り，法律と同一の効力を有する」（通則法3条）としています。つまり，法律が欠ける場合（一般的には「法の欠缺」を指す）は，慣

習に法律と同じ効力を与えるわけです。言い換えれば，保育現場には，保育の従事者（一般的には保育者を指すが，本章では保育カウンセラーを含む）によって蓄積され，形成されてきた，保育の慣習があり，そうした慣習に対して，保育の法律に匹敵する地位を与えることになるのです。しかも，この慣習の目的も，子どもと保護者の最善の利益を優遇し，実現することであり，それは取りも直さず子どもの幸せを追求することに他なりません。

　それでは，慣習が形成されていない場合，私たちは何に従うのでしょうか。スイス連邦の民法（井上，1967）によれば，「適用できる法律のない場合は，裁判官は慣習法（Gewohnheitsrecht）に従い，慣習法のない場合は，その裁判官が立法者であるならば定立するであろう規準（Regel）に従って，判決すべきである」（スイス民法1条2項）と明言しています。このような条文の存在しない，我が国においても，裁判官の身分を保障するために，「その良心に従ひ独立してその職権」（日本国憲法76条3項）を行うことができるとしています。これは，裁判過程における裁判官の自由な判決形成行為を想定しています。とまれ，我が国の裁判や判決の先例（以下「判例」[5]という）が機能し，それが裁判実務上の慣行になっているならば，保育の従事者もその行動基準として法律，慣習，判例を参照しなければなりません。

　ところで，生活世界3では，生活世界2ほどではないにしても，判例[6]が徐々に増加し蓄積されてきました。にもかかわらず，生活世界4は，そうした判例が蓄積されているとは言い難い状況に置かれています。それゆえ，私たちが今後発生するかもしれない保育現場の具体的な事案を想定し，その法的解決の方法を考察する必要性が生じてくるのです。最終的な判断が，そうした事案に即する形で，裁判所によって行われるにしても，筆者の場合には，以下に提示するいくつかの観点のどれかを使って，事案の法的解決を試みることになるでしょう。

　1）適用する法を発見する（以下「法律の適用」という）。わが国は原則として成文法主義[7]を採用しています。したがって，現行法の体系の中でどのような説明が可能なのかについて考察しなければなりません。

　2）判例の動向を精査する（以下「判例の動向」という）。当該領域および隣接領域の判例を中心に，今後，整理される必要があるでしょう。本章は可能な

限り，そのための一助となるよう論述を試みています。

　3）さらに，筆者は，1）と2）を超えて，保育現場の法律および判例の根元にある時代背景，社会的要請，人間の営みとしての子育てのあり方（以下「現場の課題」という）にまで立ち入り，追究を行うことも心がけています。

トピック21　保育カウンセラーの倫理

　保育カウンセリングを行う際は，相手の立場や人権を尊重した対応を行っていきます。いくつかの重要な概念をお伝えします。

①子どもの状態に合わせた対応
　心理臨床的活動を行う対象が子どもの場合，体調やコンディションが日によって異なることがあるので注意します。その場合，相談の時間を子どもの体調がよい午前中に設定するなどの工夫が求められます。途中で，子どもの体調が悪くぐずったりした場合は，無理に検査等を続行するのではなく，子どもの状態に合わせて見合わせることも必要な場合があります。

②守秘義務
　相談で知り得たさまざまな情報は，支援活動の範囲を超えて他者に伝えることはできません。たとえば，個人面接で知り得た情報を保育者に伝えたい場合，原則的には保護者の了承のもと保育者に伝えることとします。知能検査を実施する時も保護者の同意が必要です。そして，その結果を保護者が保育者に伝えたくないと主張した場合，保護者の意見を尊重することとなります。

③研究への配慮
　相談でかかわった事例を研究として報告したい場合，終了している事例であること，インフォームドコンセントのもと保護者からの承諾がとれていることが条件となります。承諾の取り方は，なるべくならば文面で記載することが求められます。その際，研究の意図，匿名性の確保，どの時点からでも研究の不参加を表明できることなどが明記されている必要があります。

④資質の向上を目指して
　保育カウンセラーは常に，専門性を高めるために資質の向上として，研修の参加やスーパービジョンなどを行い，研鑽研磨に努めないといけません。

（藤後悦子）

2. 非常勤職員は安心して働くことができるのか

事案の概要

2人の子どもたちも小学校に入学し，子育てが一段落したので，私は，この4月から，公立保育園の保育カウンセラーとして，週に3日間だけ勤務することになりました。ところで，私のような非常勤職員も安心して働くことができるのでしょうか。非常勤職員の法的な身分およびその保障について教えてください。

①法律の適用

本事案の相談者は，保育カウンセラーという専門的な，そして特別な仕事に就くことができたようです。本当に良かったと思います。ただカウンセラーという仕事については，欧米とは異なる，我が国固有の考え方があるようです。端的にいえば，我が国ではまだカウンセラーおよびカウンセリングの必要性が周知徹底されているとは言い難く，相談者のように，最初は常勤ではなく，非常勤としての採用が多いようです。ただ実際に勤める相談者の側からすれば，待遇面での不安があることも否めません。

本事案の相談者のような非常勤職員は，現在，短時間労働者法の規定する「短時間労働者」，つまり「1週間の所定労働時間が同一の事業所に雇用される通常の労働者の1週間の所定労働時間に比し短い労働者」（短時間労働者法2条）に該当します。使用者は，短時間労働者を雇用するとき，労働条件についての文書を交付しなければなりません（同法6条）。また，使用者は，すべての待遇について，非常勤職員であることを理由とする差別的取り扱いを禁止されています（同法8条）。

非常勤職員は，使用者との間で労働契約[8]を締結します。この契約は，短時間労働者法6条に基き，「非常勤雇用契約書」などとよばれる文書（以下「契約書」という）を介して交わされます。契約書には，雇用期間，勤務場所，職名，職務内容，始業および終業時刻，所定労働時間を超える労働，週休日および休日における労働の有無，休憩時間，週休日，休日，休暇に関する事項，給与に

関する事項，更新の有無などが記載されていますので，注意して内容を確認することが大切です。契約書は通常2通作成され，非常勤職員と使用者がそれぞれ1通ずつ保管することになります。

　非常勤職員にとって気がかりなのは，契約の解除と更新であるように思われます。なぜなら，非常勤職員は，その身分を契約の解除によって喪失し，更新によって継続することになるからです。契約書には「信義誠実の原則に従い本契約を履行する」などと記載されていることでしょう。この文言は，使用者の方針および指示に従い，非常勤職員としての職務に精励することを意味します。したがって，そうした職務に精励しない場合には，使用者は契約の解除をすることが可能です。とはいえ，労基法は，労働者を解雇する場合には，使用者に対して，「少なくとも30日前」（労基法20条）にその予告をしなければならない義務を課しています。30日前に予告をしない使用者は，「30日分以上の平均賃金」（同法20条）を支払わなければなりません。契約の更新は，再雇用を意味します。通常，非常勤職員の雇用契約は，雇用期限の到来により，終了することになりますが，使用者と非常勤職員との間で合意がなされた場合には，更新可能になります。ただ，その判断は使用者によってなされ，判断基準としては，非常勤職員の勤務成績・態度・能力，雇用期間満了時の業務量，使用者側の経営状況などを挙げることができるでしょう。昨今は100年に1度の「未曾有の経済危機」などと叫ばれていますが，学校経営も少子化の只中にあって例外ではありません。使用者側の経営状況から，仕事は可能な限り常勤職員で賄い，非常勤職員を雇用しない傾向になりつつあります。

　ところで，我が国は，少子化が高齢化と同時進行した結果，子育てと高齢者の介護を他人事としてすましてはならない状況にあります。そうした中でできた，育介法は，労働者による育児または家族の介護を容易にするため，勤務時間などについて使用者が講ずべき措置を定めるのみならず，育児または家族の介護を行う労働者に対する支援措置を講ずることにより，労働者の職業生活と家庭生活との両立が図られるよう支援することを目的とします。もちろん育介法は非常勤職員にも適用されます。以下においては，その概要を説明することにしましょう。

　育児休業制度（育介法5条〜10条）では，原則として，子どもが1歳に達す

るまで，労働者は申し出ることにより，育児休業を取得することができます。本事案の相談者のような非常勤職員も，①同一の使用者に引き続き雇用された期間が1年以上である，②子どもが1歳に達する日（誕生日の前日）を超えて引き続き雇用されることが見込まれる，①と②のいずれにも該当する場合，育児休業を取得ことができます。休業期間は，原則として1人の子どもにつき1回であり，子どもが出生した日から子どもが1歳に達する日（誕生日の前日）までの間で労働者が申し出た期間になります。ただし，①保育所に入所を希望しているが，入所できない場合，②子どもの養育を行っている配偶者であって，1歳以降子どもを養育する予定であった者が，死亡，負傷，疾病などの事情により，子どもを養育することが困難になった場合，①か②のいずれかの事情がある場合，子どもが1歳6ヶ月に達するまで育児休業を取得することができます。男女雇用機会均等法によれば，使用者は女性の婚姻・妊娠・出産を退職理由としてはなりません。

　介護休業制度（育介法11条〜16条）では，要介護状態にある対象家族を介護する労働者は介護休業を取得することができます。非常勤職員も，①同一の事業主に引き続き雇用された期間が1年以上である，②介護休業開始予定日から93日を経過する日を超えて引き続き雇用されることが見込まれる，①と②のいずれにも該当する場合，介護休業を取得することができます。休業期間は，対象家族1人につき，要介護状態に至るごとに1回，通算93日までの間で労働者が申し出た期間になります。なお，ここで言う「要介護状態」とは，負傷，疾病または身体上もしくは精神上の障害により，2週間以上の期間，常時介護を必要とする状態を，また「対象家族」とは，配偶者，父母，子ども，配偶者の父母，労働者が同居しかつ扶養している祖父母，兄弟姉妹および孫を意味します。

　子どもの看護休暇制度（育介法16条の2〜16条の4）では，小学校就学の始期に達するまでの子どもを養育する労働者は，申し出ることにより，1年に5日まで，病気・けがをした子どものために，看護休暇を取得することができます。この場合の申出は口頭でも認められます。また，使用者は業務の繁忙などを理由に子どもの看護休暇の申出を拒むことができません。ただし，勤続6ヶ月未満の労働者および週の所定労働日数が2日以下の労働者は，労使協定の締結に

より，当該制度の対象外とすることができます。したがって，週に3日間勤務する本事案の相談者は，この制度を利用することができます。

②判例の動向

　保育者は勤務時間中，休む暇がなく，気を抜くことも許されません。それは常勤職員も非常勤職員も同じです。現職の保育者にとっても，そして将来の保育者にとっても，昼休みにもかかわらず，保育室で食事をすることなどは，当たり前に思えることでしょう。そこで，保育現場の常勤職員の過重労働に関する判例を取り上げることにより，保育者の労働の過酷さを明らかにしてみようと思います。なお，筆者は事柄が煩雑になることを避ける目的から，以下においては事件名ではなく，判決日を記すことにします。文中の表記は当時のものを使用しました。判決の全文を読みたい場合には，法律情報データベースに当たるようにしてください。

　横浜地裁判決1989年5月23日　市立保育園の保育者が頸肩腕障害に罹患した。そこで同保育者は，罹患原因が市側の安全配慮義務違反にあるとして，慰謝料請求を求めた。裁判所は，地方公共団体には，設置した保育園の保育者について，保育労働の一般的特性（たとえば，肉体的・精神的な疲労度，かかる疲労の蓄積に起因する健康障害など）を鑑み，適切な人員を配置して，業務量の適正化および軽減化を図り，保育者の十分な休憩時間を設定および確保し，休暇を保障し，本事案に見られるような問題の発生を防止しなければならない義務があることを認めた。地方公共団体は，もし健康障害の症状を呈する保育者を発見した場合には，早期に適切な治療を受ける機会を設け，病状の悪化を防止し，健康の回復を図るための業務の量的および質的な規制措置を講じなければならない。同保育者の慰謝料の請求が認められた。

　大阪高裁判決1998年8月27日　無認可保育園における過酷な勤務条件の下で，保育者がうつ病になり，自殺した。裁判所は，同保育者がうつ病になった原因として，日常の勤務そのものが過酷であったことに加え，保育者としての経験の浅い被害者であったにもかかわらず，重大な責務を負わせたうえ，それに対する配慮を欠いていたこと以外に思い当たるものがないとして，保育園の安全配慮義務違反による債務不履行と自殺との相当因果関係を肯定した。

東京地裁判決2006年9月4日　保育者が自殺した原因は，勤務していた保育園における業務に起因するうつ状態によるものであるとして，保育者の遺族側が労働者災害補償保険法に基づき遺族補償年金および葬祭料の支払を請求した。それにもかかわらず，不支給処分がなされたため，遺族側は裁判所にその取消しを求めた。裁判所は，保育者が業務により精神障害を発症し，これに罹患した状態で自殺に及んだことを認めた。つまり，保育者の自殺時点において，正常な認識，行為選択能力および制御力が著しく阻害されていなかったと認めるべき事情は見当たらないと判断され，保育者の死亡については，業務に起因するものと認めるのが相当であるとされた。裁判所は遺族側の請求を認容した。

③現場の課題

　現在の我が国では，短時間労働者の賃金は，一般労働者と比べて低額であり，両者の格差は拡大する傾向にあるといわれています。それにもかかわらず，彼らはもはや単なる補助労働力とは言えません（清田，2008）。そして，非常勤職員の保育カウンセラーは保育現場の重要な構成員に他なりません。ただその身分が短時間労働者として取り扱われる限りは，不安定な雇用形態がつきまとうことも否めません。だからこそ，上述のような労働者としての正当な権利を知っておく必要があります。保育現場の従事者は，常勤・非常勤の違いに関係なく，過重労働を求められることを忘れないでください。

　待機児童問題から，保育園の規制緩和（四國新聞，2009）がはじまりましたが，それと同時に，すでに保育現場で労働している職員に十分な配慮を施しつつ，その身分を保障する必要があるように思われます。他方，これまでの保育現場は女性労働者中心の職場でしたが，今後は男性保育者の参入も見込まれ，新たな職場問題としてのセクシュアル・ハラスメント（以下「セクハラ」という）の発生およびそれへの対処も考えておかなければなりません。

　セクハラに関する理論の形成および発展に寄与し，自ら積極的に性差別訴訟と取り組んできた法学者のマッキノン（MacKinnon, C. A.）は，1979年に出版された彼女の著書『セクシュアル・ハラスメント・オブ・ワーキング・ウィメン』の中で，「男性と女性は現実の社会の中で真実の意味で対等な関係を築いていない。その結果として，雇用関係や教員と学生といったような師弟関係などを背

景とした上で持った性的な関係には，強制でも相思相愛でもない権力と愛情の交じり合うあやふやな領域がある」(MacKinnon, 1979) と論じました。彼女は，セクハラに遭遇し，泣き寝入りしてしまう女性を見て，もはや我慢ならなかったのです。彼女は，女性に法律的救済を与える法律の一般原則が構築されなければならないと考えました。なぜなら，法律の役割は社会に現に存在している不正義を正す道具であるからなのです。

そして現在，我が国においても，セクハラについて，「相手方を不愉快にする性的な言動であり，それによって雇用や教育といった生活の場に不利益な影響が及ぶもの」と解されています。それゆえ，セクハラの被害を受けている「当該労働者からの相談に応じ，適切に対応するために必要な体制の整備その他の雇用管理上必要な措置を講じなければならない」(男女雇用機会均等法11条) という事業主の配慮義務を規定しています。保育現場でも，今後は，保育者が働きやすい職場づくりを考えて，セクハラに対応していかなければならないように思われます。

3．保育カウンセラーが関係する法律的問題

(1) 虐待を見過ごしたら誰の責任なのか

事案の概要

現在，私は公立保育園の保育者として働いています。今日，午睡の準備中に，1人の子どもの全身に無数のあざややけど跡が認められました。園長から，子どもの身体に不自然なけがが見受けられる場合には，必ず報告するように指示を受けていました。ただ見誤っていては困りますので，明日もう一度様子を見てから，報告することにしました。このような私の判断は間違っていないでしょうか。虐待の痕跡らしきものを発見した場合の保育者としての適切な対処法を教えてください。

①法律の適用

保育現場の従事者は，その専門的な業務の性質上，児童虐待を最も発見しや

すい立場にあるように思われます。なぜなら，従事者は子どもたちに網羅的に目配りができるからであり，その点で子どもたちの変化に気づきやすいからなのです。子どもたちの登園から降園まで，保育者は，子どもたちの衣服が汚れれば着替えさせ，午睡時にはパジャマを着用させ，そして夏季のプール遊びでは水着を用意しなければなりません。子どもの変化に対して日頃から十分に配慮していれば，虐待にも即座に対応できるはずです。

したがって，保育現場の従事者は，「児童虐待はどこにでも存在しうる」と思って業務することが重要になってきます。そのうえで，第一に，児童虐待に関する情報を従事者の間で共有する必要があります。第二に，早期に関係機関（児童相談所や福祉事務所）に通告する義務があります。第三に，保育の現場の体制を整備し直し，組織的に対応することが重要です。そして第四に，関係機関との連携を強化する，以上が大切です。本事案の相談者の場合，「ただ見誤っていては困りますので，明日もう一度様子を見てから，報告することにしました」とありますが，躊躇し，翌日に対応しようと思う必要などありません。事態が急を要し，一刻を争う場合もあるのです。その日のうちに施設長（ここでは園長を指す）に報告し，必要な指示を仰いでください。特に，保育者は，「児童虐待を発見しやすい立場にある」ため，そのことを自覚し，「児童虐待の早期発見」（児童虐待防止法5条）に努めなければならないのです。

虐待の種類とその対応については，本書第6章との重複を避けるため，ここでは説明を省略しますが，児童虐待防止法は，児童虐待を見過ごした場合の責任の所在を明文化していません。言い換えれば，児童虐待について，これまで「学校，児童福祉施設，病院その他児童の福祉に業務上関係のある団体」（児童虐待防止法5条）側の対応の遅れや関心の薄さなどが指摘されてきましたが，実際に虐待を見過ごしたために，責任の所在が問われた事案は，管見によれば，存在しなかったように思われます。

また，通告義務と守秘義務との法的関係については，前者は後者に優先します。すなわち，守秘義務は絶対的な義務ではなく，正当な理由がある場合には解除されます。児童虐待防止法の規定する「児童虐待を受けたと思われる児童を発見した者」（児童虐待防止法6条）の通告義務は，この正当な理由に該当し，刑法の秘密漏示罪（刑法134条）が適用されることもありません。しかも関係

者は,「その職務上知り得た事項であって当該通告をした者を特定させるもの」(児童虐待防止法7条)を漏らしてはならないのです。

②判例の動向

すでに,「児童虐待はどこにでも存在しうる」と思って業務することが重要であると述べましたが,キーワードとして保育園と児童虐待を選び,判例をデータベースから検索すると,意外なことに保育園の施設長による児童虐待があることには驚かされます。すると,そのような保育園の保育者が児童虐待の痕跡を発見し,適切な指示を仰ごうと思うとき,誰に報告すればいいのでしょうか。ここで取り上げるような判例の状況を危惧する保育者は,今すぐにでも保育カウンセラーや関係機関に通告・相談しなければなりません(奥山,2008)。私たちの対応の遅れは子どもの生命にかかわります。

高松高裁2006年1月27日判決　幼児園の園長による虐待で子どもが亡くなった。そこで遺族側は,園長に対しては,不法行為に基づき,また県および県警が園長の別件の傷害事件について適切な対応を怠ったことに対しては,国賠法1条1項に基づき,さらに本件で司法解剖を行った医師が誤診を前提とする安易な死体検案書を作成し,捜査を遅滞させたことに対しては,不法行為に基づき,それぞれ損害賠償を求めた。県が事業停止命令の権限を行使しなかったことは,許容される限度を逸脱し,著しく合理性を欠くと認められるが,医師による死体検案書への記載は,法的責任を問われるべき過失とされるようなものではありえないとして,裁判所は,一部認容,一部棄却した。

横浜地裁2006年10月25日判決　認可外保育施設の経営者の暴力により,同施設に通園していた子どもが亡くなった。そこで遺族側は,経営者に対しては,民法709条に基づき,県に対しては,暴行の事実を十分認識しながら,監督権限を行使することなく,本件を防ぐことができなかった不作為の違法があったとして,国賠法1条1項に基づき,それぞれ損害賠償が求められた。亡くなった子どもに対して,経営者が殺意をもって暴行を行ったことが高度の蓋然性をもって証明されているとはいえず,また県が同施設に対する事業停止または施設閉鎖命令の権限を行使しなかったことが著しく不合理であったとも認めることができないとして,裁判所は経営者に対する請求の一部しか認容しな

かった。

③現場の課題

保育現場の従事者に寄せられる期待は，今後ますます大きくなるように思われます。そこで，ここでは保育園の3つの機能について確認することにしましょう。第一に，保育園は子どもの発達を保障しなければなりません。第二に，保育園は保護者の社会活動を保障しなければなりません。そして第三に，保育園は地域の育児を支援しなければなりません。敷衍すれば，第一は，保護者が何らかの事情で子どものケアができないとき，保育園は保護者に代わり，子どもが心身ともに健やかに発達するよう保育しなければなりません。第二は，子育て中の保護者（特に母親）が安心して就労し，社会活動ができるように保育園は保障しなければなりません。そして第三は，子育てに悩む保護者が気軽に相談し，支援を求めることのできる子育て相談センターとして，保育園は機能を果たさなければなりません。特に，母性神話が崩壊した現在，産後うつやマタニティーブルーに悩む母親が急増しているといわれます（朝日新聞，2008）。母親たちの中には「わが子をかわいく思えない」ために，児童虐待に走ったり，自己嫌悪に陥ったりする事案が急増していることは否定できません。それゆえ，保育現場の現代的意義がますます大きくなると同時に，保育者に求められる役割も多様化してきたように思われます。

(2) 発達の遅れがあるとコメントしたことにより提訴されるか
事案の概要

私は保育士をしています。先日，ある保護者に対して「お子さんには発達の遅れが見受けられますから，しかるべき機関に相談してみてはいかがですか」と説明したところ，当該保護者から，「失礼なことを言わないでください。そのようなことを言うのなら，裁判所に訴えますよ」と厳しく叱責されてしまいました。私は当該保護者とその子どものことを考えて，言っただけなのですが，本当に提訴されるのでしょうか。今後の私の保護者への対応も含めて教えてください。

①法律の適用

本事案の相談者の質問に答える前に、子どもの発達がどのような場面で確認されることになるのか、その法的根拠について、特に母保法と学保法を概観しておくことは、保育現場の従事者にとって少なからず有益であるように思われます。

母保法には、「健康診査」に関する次のような規定があります。「満1歳6か月を超え満2歳に達しない幼児」および「満3歳を超え満4歳に達しない幼児」（母保法12条）に対し、市町村は健康診査（以下「健診」という）を行わなければなりません。かかる健診の他、市町村は必要に応じ、「妊産婦又は乳児若しくは幼児」（同法13条）に対し、健診を行い、それを受けることを勧奨しなければなりません。

学保法は、就学時の「健康診断」について、翌学年の初めから小学校に就学する、「当該市町村の区域内に住所を有するもの」（学保法11条）に対し、健康診断を行わなければならないとしています。この健康診断の結果に基づき、市町村の教育委員会は、治療を勧告し、保健上必要な助言を行い、義務の猶予または免除、特別支援学校への就学に関する指導（以下「就学指導」という）を行うなど、適切な措置を講じなければなりません。

ところで、就学時の健康診断は、いよいよ小学校1年生になる子どもたちやその保護者にとって、わくわくする行事です。しかし、障害のある子どもにとっては事情が異なります。なぜなら、この診断結果次第で、特別支援学校や特別支援学級に進むこともあるからです。市町村の教育委員会は、特別支援を必要とする、新入学児の氏名を都道府県の教育委員会に通知します。小学校に就学指定する場合は、市町村の教育委員会が、保護者に通知します。他方、特別支援学校に就学指定する場合は、都道府県の教育委員会が、保護者に通知することになります[9]。なお、学保法には、市町村の教育委員会による健康診断の実施義務は明記されていますが、就学予定児童の受診義務は明記されていません。私見ながら、このとき以外にも障害の有無を確認する機会はあったはずです。たとえば、健診（母保法）の実施時に、ある程度は確認できていたはずです。ところが、障害があると認められる子どもに対しては、健康診断（学保法）を契機として、特別支援学校や特別支援学級への就学指定を行うことにな

ります。各自治体の教育委員会が健康診断の結果を公的判定の資料として用いているのです。

　以上から，本事案の相談者の保育者のように，たとえどんなに細心の注意を払って保護者の気持ちを配慮したとしても，そしてたとえ専門医の相談を受けるように慎重にことばを選びながら勧奨したとしても，もし保育者が常日頃から保護者との間に信頼関係を構築する努力をしていなければ，保育者の伝えたい真意は保護者の心に届かず，ただ両者の間には不信感しかもたらされないのではないでしょうか。だからこそ保育者は，配慮を必要とする子どもとその保護者，一人ひとりのことばに丁寧に耳を傾け，彼らの気持ちをしっかり受けとめなければならないのです。次に取り上げる，我が国の判例も，保護者と保育者との間のそうした誤解が原因になり，提訴にまで発展してしまったことを示しています。

　なお，信頼関係が構築されているとはいえ，親しい間柄でも礼儀を忘れると不和の原因になります。勢い余って，クラスの子どもたちを「バカ」とか「間抜け」呼ばわりする若い教員に遭遇したことがありますが，これでは刑法の侮辱罪（刑法231条）が適用されても致し方ないように思われます。子ども相手の仕事の従事者は，いくら相手が自分より年少者であっても，気を抜かず，高いプロ意識を確立し，子どもたち一人ひとりの名前を正しく呼ぶことができなければなりません。

②判例の動向

　ここで取り上げる判例を一読すれば，本事案の相談者のような保育者が今後も生じうることがわかると思います。だからこそ，保育現場の従事者は，不適切なことばと表現を厳に慎み，もし自分自身に非があるならば，素直にそれを認め，訴訟を未然に防がなければならないのです。

東京地裁1996年1月26日判決　ある児童の保護者が市立小学校の担任教員に対して損害賠償を請求した。その教員が，児童に対しては，精神面で未発達である，絵が下手である，嘘つきであるなどと言ったからであり，保護者に対しては，知的障害児や特殊学級児童を対象とする他の公共教育機関に相談に行くよう強く勧めたからである。裁判所は，訴えの内容の個別具体的状況に照

らして判断した結果，担任教員としての法的注意義務に違反した行為は認められず，違法行為に当たらないとした。

さいたま地裁2004年1月28日判決　ある子どもが保育所の入所申請をした。その子は保育に欠ける子でありながら，重度の障害を有しているため，集団保育になじまないことを理由にして，市側が保育の実施不可の決定を下した。そこで，その子は，同決定に至る過程において精神的苦痛を受けたとして，国家賠償を請求した。その子および保護者にとっては，健常な子であれば受けられた保育サービスを受けられなかったのであり，不利益であることについて，適切な代替措置が講じられなければならなかったのである。それにもかかわらず，市側は漫然とこれをその子の祖父母や民間保育施設の善意に任せるまま放置していたのである。それは，児福法24条1項ただし書[10]に定める代替的保護義務違反に当たる。裁判所は市側に対する国家賠償請求を認容した。

大阪高裁2008年3月28日判決　ある児童が気管支喘息に罹患するなどして，学教法72条の「病弱者」に該当した。そこで，その児童の保護者は，行政事件訴訟法37条の5に基づき，大阪市教育委員会がその児童の就学すべき学校として，市側の設置する特別支援学校（養護学校）に仮指定することを求めた。なぜなら，市側の設置する小学校には，障害に対応した施設や設備が整備されていない，指導面での専門性の高い教員が配置されていないなど，その児童が就学するための環境を適切に整備していることが具体的に認められない点，その児童の出欠状況，長期間の不登校ないし欠席の事実を過小に評価した点，その児童の保護者の意見，特に同意見により表明されるその児童の意思を十分考慮しなかった点において，裁量判断の基礎事実を認定しなかったあるいは誤認もしくは十分考慮しなかった不備が認められ，裁量権の範囲を逸脱し，または濫用した裁量の誤りがあったからである。裁判所は，上述の理由を認め，市側による控訴を棄却した。

以上の判例を通して，本事案の相談者の場合も，まずその基本的な認識において，私たちは，法の下に平等であり，「人種，信条，性別，社会的身分又は門地」（日本国憲法14条1項）により差別されないということが確認されなければなりません。したがって，「発達の遅れがある」とした相談者のコメントがこれらの点を無視して行われたのであれば，それは不当であり，提訴される可能

性があります。だがしかし，保育者としての業務に熱心に取り組むあまり，子どもの最善の利益を配慮しつつ行われた発言であるとすれば，そしてそれにより保護者との関係が円滑に行われなくなったのであるとすれば，相談者は保護者に対して素直に謝罪する必要があるでしょう。保育者は，保護者の心中を察し，迂闊なことを決して言ってはいけません。その意味で，保育者は，保護者に対して，馴れ合いにならぬよう気を引き締めたいものです。それは保育のプロフェッショナルな考え方をもつことに他なりません。他方，小学校における事案をめぐる判例から，将来の類似する事案においても，裁判所は，公平無私な観点から，原告・被告双方の主張を聞き取り，客観的な判断を下すであろうことも予想できるでしょう。

③現場の課題

保護者への就学指導[11]は，保護者側の気持ちと学校側の言い分とを明確にしつつ，適切に実施されなければなりません。

障害のある子どもの保護者側の気持ちとしては，第一に，特別扱いされることによる周囲の偏見や蔑視を和らげたい。第二に，健常な子どもとの頻繁な接触によって教育効果を高めたい。第三に，統合保育の時の友達と一緒に同じ学校で同じ教育を受けさせてやりたい。第四に，遠くて通学条件の不便な特別支援学校よりも同じ地域にある学校に通わせたい，などが考えられます。

次に，学校側の言い分としては，第一に，統合教育は理念としては正しいが，まだ受入体制が整備されていない。第二に，障害のある子どもがいじめの対象になることを否定できない，などといわれています。

それでは，両者の立場を調停するには，どのような方法が考えられるのでしょうか。かつての分離教育は偏見を引き起こしがちでした。そうかといって，統合教育は，ただ形式的に両者を同じ場で教育することになってしまう危険性を孕んでいました。そこで今日では，「他の方法で行うことを強要する理由が存在しない限り，普通学校に全ての子どもを受け入れる，インクルージョン教育の原則」（サラマンカ声明，拙訳）が，法律または政策の課題として採用される傾向にあります。そこでは，障害の程度や段階などに応じて，多様な教育の形態が用意され，子どもにとって最善の方法が選択されることになります。つま

り,「インクルーシブな教育は現在の教育システムをよりよいものにする」(Hammeken, 2007) と考えられているのです。

かつて哲学者ディルタイ (Dilthey, W.) は「精神科学」(Geisteswissenschaften) の成立に向け,その特徴を「自然科学」(Naturwissenschaften) との対比において論述しました (Makkreel, 1975)。彼の見解を要約すると,前者は,「体験する」(erleben),「理解する」(verstehen) を特徴とする科学なのです。したがって,精神科学の立場に則していえば,障害のある子どもの保護者の気持ちを体験・説明・理解することが肝要なのです。しかし,私たちは他人の立場に自分自身を置き,他人の喜びや悲しみの気持ちを本当に理解することができるでしょうか。筆者はこれまでそうしたことは不可能であると考えてきました。他人の気持ちは当人にしかわからない,と。障害のある子どもの保護者は我が子の障害と向き合い,それと闘い,そしてそれを克服しなければなりません。ただ表面だけ"わかったつもり"になるのは簡単です。ところが,それは"わかったつもり"にすぎません。我が子の障害と向き合い,そしてそれを克服する保護者の気持ちは,筆舌に尽くし難いものがあるでしょう。ですから保育現場の従事者にはそうした保護者の気持ちに対する配慮が要求されるのです。

ところで,保育者は,こうした保護者の気持ちを推察する前に,一度でいいので,自分自身の最も大切な生命と向き合うことが大切であるように思われます。なぜなら,そうすることによってしか,私たちは保護者の気持ちを推察できないからなのです。キューブラー・ロス (Kübler-Ross, E.) は,死とそれに至るまでの過程について考察することによって,死のあり方を明示しました (Kübler-Ross, 1969)。それによれば,第一段階では,誰もが自分の死を受け入れられず,それを否認し孤立します。第二段階では,なぜ自分だけが死なねばならないかと怒りの感情が湧きます。第三段階では,神に祈りを捧げ,取り引きしようとします。第四段階では,期待する変化が認められない状況の中で,先の見通しが立たず,落ち込みが激しくなります。そして第五段階では,自分の死を受け入れ,死と共に歩み出します。

この示唆に富む研究を踏まえて,言い直せば,第一段階では,保護者は我が子の障害を受け入れられず,それを何としても否認し,周囲から孤立してしま

うことでしょう。第二段階では，なぜ我が子だけが障害をもたねばならないのかと怒りの感情を抱くことになるでしょう。第三段階では，何とか我が子の障害をなくすよう神と取り引きしたい気持ちになることでしょう。第四段階では，期待した変化が現われないため，ついつい落ち込んでしまうかもしれません。そして第五段階になってやっと，我が子の障害を受け入れられるようになり，その後は障害と共に歩もうとする保護者とその子の姿勢が確立されることでしょう。以上のように保護者において障害が受けとめられると思えば，保育者としての対応も慎重にならざるをえません。

(3) 勤務時間中にいじめが発生したら誰の責任なのか
事案の概要

　私は公立保育園で保育士として働いています。先日，私が担当する5歳児のクラスでいじめが発生しました。5歳児のAくんは普段から同じクラスの子どもたちからいじめられていましたが，今回はいじめが原因で重傷を負ってしまいました。もちろん私たち保育者は，いじめが発覚してからは，問題を共有しつつ，Aくんを見守っていました。このような場合，誰にどのような責任があるのでしょうか。いじめを処理するときに，保育者が注意すべき点を教えてください。

①法律の適用

　「いじめ」とは，「自分より弱い者に対して一方的に，身体的・心理的な攻撃を継続的に加え，相手が深刻な苦痛を感じているもの」(下村，2006)を意味します。それは，いじめられる子どもの将来にわたって内面を深く傷つける卑劣な行為です。本事案の相談者が関心をもつ，いじめの法的責任は，保育者，加害幼児およびその保護者，そして保育所の順に，重層的・複合的に論じられるべきものです。以下では，筆者もそれぞれの立場ごとに法的責任を検討しようと思います。

保育者の責任

　いじめが発生したとき，その事実自体を理由として，担任の保育者が法的責任，この場合は安全配慮義務違反を問われ，処分の対象になることはありえま

せん。そのようなことを心配するよりも、保育者として、被害幼児、加害幼児の双方を指導するとともに、それぞれの保護者とも連絡を密に取り合いながら、積極的に話し合い、相互に連携して、その解決に向けて最善を尽くすことが重要になってきます。これが対応の基本であり、保育者の仕事です。保育者が担任としての法的責任を問われるのは、いじめの事実を確認しておきながら、適切な処置を怠り、もし適切に対応していれば、いじめによる被害や損害が発生しなかったはずであることが立証された場合[12]に限られます。つまり、保育者としての不適切な対応と、それにより発生した被害や損害との間に、相当因果関係が成立する場合にのみ、法的責任があると見なされるのです。

加害幼児および保護者の責任

加害幼児には賠償能力がありません。加害者本人に責任能力があれば、民法709条により賠償請求することになります。本事案の場合は、加害幼児に責任能力がないので、民法712条により賠償責任を負いません。しかし、民法714条により賠償請求することは可能です。つまり、加害幼児の保護者は、民法820条により監督義務を負い、損害賠償責任が生じることがあります。なお、それぞれの条文は論註[13]を参照してください。

保育園の責任

保育園に対して賠償請求する場合は、保育園が公立か私立かによって異なります。公立の場合は、国賠法1条によります。私立の場合は、民法709条および715条によるか、入園契約時の安全配慮義務違反を理由として賠償請求することになります。特に、公立の保育園において、園長および保育者の監督義務、その他の予防措置が適切でなかった場合には、設置者である地方公共団体の賠償責任も生ずることになります。なお、それぞれの条文は論註[14]を参照してください。

②判例の動向

本事案のように、保育園でのいじめをめぐって、実際に争訟された先例を、筆者は見出すことができませんでした。そこで、まず小学校と中学校におけるいじめに関する判例をそれぞれ1つずつ紹介することにします。これにより、担任教員の果たすべき義務について考えることにしましょう。次に保育園での事

故に関する判例を確認することにします。これにより、保育園は小学校や中学校よりも広範な義務を負わされていることについて学びましょう。

浦和地裁1985年4月22日判決　市立小学校のある児童が、事故が発生するかなり前から、集中的、継続的に暴行を受け、いたずらをされていた。また被害児童の保護者は、警告とも言えるような強い調子の訴えを担任教員に行っていた。それにもかかわらず、担任教員は、被害児童に対するいじめを根絶するための抜本的かつ徹底した対策を講じなかった。こうした事実について、裁判所は、過失があると言わざるをえないと判断した。加えて、裁判所は、学校内で起った違法行為についても、それが他人の生命および身体に危害を加えるような社会生活の基本的な規範に抵触する性質の事故である場合には、責任能力のない加害児童の保護者は、保護監督義務違反と見なされ、損害賠償責任を免れることはできないとした。なお、裁判所は、この判決の中で、担任教員の果たすべき「安全保持義務」について、「児童の生命、身体等の保護のために、単に一般的、抽象的な注意や指導をするだけでは足りないのであって、学校における教育活動及びこれと密接不離な生活関係に関する限りは、児童一人一人の性格や素行、学級における集団生活の状況を日頃から綿密に観察し、特に他の児童に対し危害を加えるおそれのある児童、他の児童から危害を加えられるおそれのある児童については、その行動にきめ細かな注意を払って、児童間の事故によりその生命、身体等が害されるという事態の発生を未然に防止するため、万全の措置を講ずべき義務を負うものというべきである」と述べている。

東京高裁1994年5月20日判決　区立中学校の生徒がいじめを苦に自殺した。加害生徒の保護者および担任教員には、生徒間のいじめの防止のため、適切な措置を講じなければならない義務がある。そこで、裁判所は、かかる措置を講じなかった、加害生徒の保護者および担任教員に過失があると認定した。だが、被害生徒が自殺することについての予見可能性はなかった。したがって、裁判所は、自殺による損害賠償請求を退け、慰謝料の支払いだけを命じた。なお、裁判所は、この判決の中で、学校の安全保持義務について、「公立中学校の教員には、学校における教育活動及びこれに密接に関連する生活関係における生徒の安全の確保に配慮すべき義務があり、特に、他の生徒の行為により生徒の生命、身体、精神、財産等に大きな悪影響ないし危害が及ぶおそれが現にあ

るようなときには，そのような悪影響ないし危害の発生を未然に防止するため，その事態に応じた適切な措置を講ずる義務がある」と述べている。

東京地裁八王子支部1998年12月7日判決　保育園児が保育時間内に園庭で鬼ごっこをして転倒し，レンガ製の玄関ポーチの角に前頭部をぶつけ，約3cmの裂傷を負った。この事故について，裁判所は，保育園側には，園児が衝突しても負傷しない材質および形状のポーチにすべき注意義務があり，かかる注意義務違反が認められると述べた。つまり，子どもが保育園に入園するに際して，その保護者と設置者である市側との間には，幼児保育委託契約またはこれに準じる法律関係が存在する。したがって，市側の入所措置の決定はこの契約の承諾に当たる。市側は，かかる法律関係の付随義務として，保育するに当たり，園児の生命，身体および健康などを危険から保護するよう配慮すべき義務を負うことになるのである。

③現場の課題

ここでは，保育園で事故が発生した場合，どのように対応することが保育者にとって適切なのかについて考えることにしましょう。

第一に，保育園で事故が発生した場合，何をおいてもまず，被害園児の救急処置に万全を尽くさなければなりません。どのような事故に遭遇しても，事故発生の日時，場所，保育園側の対処などについて，正確な記録をとっておく必要がありますが，特に法的問題に発展する可能性のある事故の場合，前後の情況を記録し，必要資料を整え，発生時にその場に居合わせた園児からも事故当時の様子を聞くことが大切です。なお，災害救済給付の適用[15]も準備が肝要です。

第二に，保育園での事故に関する法的問題は，一般的に，保育園側の全般的な処理が一段落し，一定時間が経過したところで取り上げられることになります。事故そのものは保育園側の努力だけではどうしようもありません。保育園での事故は，予測不可能な突発的な面も多くあるように思われます。したがって，発生後の保育園側の対応，誠実で有効な救急体制のあり方などが，その後の問題の発展と解決にかなりおおきく影響することになるでしょう。これは，保育園側と保護者との信頼関係に依拠しています。

第三に，いじめは，いかなる場合でも許されません。どんな小さないじめも見逃さない指導の実際および体制を，保育園側と保護者とが協力し合い，確立する必要があるでしょう。なお，いじめ問題に関する基本的認識については，「いじめの問題に関する総合的な取組について：今こそ，子どもたちのために我々一人一人が行動するとき」[16]が参考になります。

　そして第四に，園長は，日々いじめに関する指導体制を整えるとともに，保育者の自覚を促し，リーダーシップを発揮することが求められます。園長は，万一いじめが発生した場合，迅速・慎重な事実確認，全容の把握，解決への努力，保育者への指導などに全力を尽くさなければなりません。つまり，いじめに関する園長・副園長の責任は，担任などの場合と異なり，個々の園児についての個別的なものというより，保育園全体としてのいじめ防止の取り組み，保育者に対する適切な指導などといった見地からとらえられることになるのです。

(4) 秘密保持の原則はどこまで徹底されるべきなのか
事案の概要

　私は公立保育園の園長です。現在，ある大学の学生が保育実習のため，私の勤務園に入っています。個人情報保護法の施行に伴い，実習記録や関連メモの取り扱いを厳重に管理しなければならなくなったのは，周知のところです。実習記録や関連メモは，匿名化した状態で記述するように指導していますが，実習終了後の取り扱いはどのようにすべきでしょうか。守秘義務の観点から，実習に向かうバスの中で実習記録を書いたり，帰りのバスの中で子どもの話題に触れるなどの行為はどういう結果を引き起こすのでしょうか。

①法律の適用

　保育園では，普段から，個人情報資料は，事務室・保健室など，特定の者しか立ち入らない場所以外には持ち出さないよう周知徹底を図っています。もし持ち出す必要が生じた場合には，個人が特定できる情報は，削除または塗りつぶすよう指導しています。なぜなら，園外で盗難に遭い，紛失することがあっても，絶対に個人情報を流失するような事態だけは避けなければならないからなのです。また，個人情報資料の使用後については，直ちにシュレッダーにか

け，破棄することになっています。使用後も，部屋に放置したり，ポケットに入れて持ち歩いたりしないことになっているそうです。

　本事案の相談者の場合，園長の責任として，「匿名化した状態」で記述するように指導しているとありますが，氏名・生年月日などを明確に記載しないことにより，「個人情報」に該当しないと言えるかどうかが問題になることでしょう。ただ注意すべきは，もし実習生が保育園付近で実習記録を紛失したとすれば，そこで記述されている髪型や衣類などから，特定の子どもが識別される可能性も否定できません。したがって，本事案も個人情報として十分な取り扱いをしておくことが将来の保育士の作法[17]であり，それができない者は保育現場の従事者になることもできないと指導すべきでしょう。実習園に向かうバスや電車の中で実習記録を書き，あるいは実習生仲間と子どもの話題にふれるなどの行為は言語道断です。

　個人情報保護法には，その目的について，「高度情報通信社会の進展に伴い個人情報の利用が著しく拡大していることにかんがみ，個人情報の適正な取扱いに関し，基本理念および政府による基本方針の作成その他の個人情報の保護に関する施策の基本となる事項を定め，国および地方公共団体の責務等を明らかにするとともに，個人情報を取り扱う事業者の遵守すべき義務等を定めることにより，個人情報の有用性に配慮しつつ，個人の権利利益を保護すること」（個人情報保護法1条）とあります。

　ここにいう「個人情報」とは，「生存する個人に関する情報であり，当該情報に含まれる氏名，生年月日その他の記述等により特定の個人を識別することができるもの（他の情報と容易に照合することができ，それにより特定の個人を識別することができることとなるものを含む。）」（2条）を指します。そしてこれまで個人情報保護法は企業や団体などの事業者が対象であり，個人への適用は困難であると考えられてきました。しかし，私見ながら，保育現場における個人情報はもっと厳格に取り扱われるべきです。なぜなら，それが自分自身では個人情報を管理できない児童，特に乳幼児の個人情報であるからに他なりません。その意味で，筆者は個人情報保護法よりも厚労省のガイドラインが保育現場に相応しい内容であると考えています。たとえば，ガイドラインの規定（「当該患者・利用者が死亡した後においても，医療・介護関係事業者が当該患

者・利用者の情報を保存している場合には，漏えい，滅失又はき損等の防止のため，個人情報と同等の安全管理措置を講ずるものとする」）を援用して，筆者は，保育園の個人情報には，卒園した児童の個人情報まで含め，十分な安全管理措置を講じて当然であると考えています。

　もし実習記録の内容が漏れた場合，本事案では，管理者である園長が，従業者（実習生も従業者に入る可能性がある）の監督が十分でなかったことを理由として，個人情報保護法違反の責任を問われることになります（個人情報保護法34・56条）。しかも，実習生本人も，子ども（実際には，保護者）から損害賠償の請求を受けることがあります（民法709条）。この点について敷衍すれば，まだ保育士ではない実習生には，法による守秘義務がありません。しかし，たとえ実習生でも，子どもの個人情報を保護する義務はあり，それを用いることにより子どもに損害を与えた場合，たとえば，実習期間中に入手した個人情報を営利を目的とする子ども関連産業に売却した場合，個々の子どもから，民法上の不法行為に基づく損害賠償の請求を受ける場合がありえます。したがって，実習生を受け入れる保育園側は，当該実習生を送り出す大学側と十分に話し合い，将来の保育士にとっての実習の意義を確認しておかなければなりません。

　なお，個人情報には，本人の許諾（同意）なしに，目的外使用および第三者提供ができる場合があります。かかる適用除外条項を列挙すれば，以下の通りです。根拠法令は全て個人情報保護法です。

　(1)「法令に基づく場合」(16条3項1号および23条1項1号)

　(2)「人の生命，身体又は財産の保護のために必要がある場合であって，本人の同意を得ることが困難であるとき」(16条3項2号および23条1項2号)

　(3)「公衆衛生の向上又は児童の健全な育成の推進のために特に必要がある場合であって，本人の同意を得ることが困難であるとき」(16条3項3号および23条1項3号)

　(4)「国の機関若しくは地方公共団体又はその委託を受けた者が法令の定める事務を遂行することに対して協力する必要がある場合であって，本人の同意を得ることにより当該事務の遂行に支障を及ぼすおそれがあるとき」(16条3項4号および23条1項4号)。

②判例の動向

　昨今，大量の個人情報がインターネット上に流出してしまう事件（朝日新聞，2009）が多発している。社会問題化しながら後を絶たないウィニーなどのファイル共有ソフトを通じた情報流失は，一度流出すれば，不特定多数の利用者がファイルを保有できるのです。しかも回収が困難であるにもかかわらず，流出や利用者間の転送を直接取り締まる規制がありません。これを本事案に即する形で言い換えれば，実習生が園児の個人情報を何らかの形で入手し，それが大量に流失してしまう可能性を私たちは否定できません。

　類似する多くの判例を枚挙する暇のない筆者は，以下に１つの判例だけを取り上げ，保育園側に対しては，個人情報の保護を厳正に求めると同時に，保育現場の従事者に対しては，その職業の責任の重さを今一度考え直していただきたく思います。

　最高裁2002年7月11日判決　　京都府宇治市が乳幼児健診システムの開発を企図し，当該システムの開発業務を委託していた民間電算業者の下請に健診用データを預けた。かかる下請のアルバイト大学院生が自ら持参した光磁気ディスクにコピーして持ち出し，名簿販売業者に無断売却した。その結果，同市の住民基本台帳データ約22万人分がインターネット上に不正流出することになった。このデータの不正流出により精神的苦痛を被った住民側が，市側に対して，国賠法1条または民法715条に基づき，損害賠償を求めた。裁判所は，市側に対して，住民側（3名）の弁護士費用を含め，総額計45,000円の支払いを命じた。すると，この判例では，1人当たり15,000円になるが，今後はプライバシー尊重の流れを受けて，相当の金額になることが予想される。だからこそ，個人情報はより慎重に取り扱われなければならない。

③現場の課題

　保育現場の従業者は，個人情報を保護するために，常に以下の点に気を配らなければならない。

　（1）保育園における個人情報の保管は万全を期する。

　（2）本人に関する記録や文書は，本人の要請があれば，基本的には開示する。ただし，その場合，記録に現われる他者のプライバシーを守る。

(3) 写真やテープ録音，第三者が保育現場を見学する場合，前もって子どもとその保護者に知らせる。

(4) 実習生には園内のパソコンを使用させない。実習記録は手書きで提出させる。

他方，既述の如く，個人情報の保護には制限があることも忘れてはいけません。他人を傷つける恐れがある場合，生命への危険が差し迫っている場合，不正や犯罪が絡んでいる場合，また子どもへの虐待が疑われる場合などは，個人情報の保護の原則の制限を超えることになります。たとえば，児童虐待を防止するために，保育園内で1つのチームが結成され，チームアプローチを敢行する場合です。参加者は，従来の組織の縦割りという障害物を乗り越えて，連携し合い，情報を共有しながら，共通の目標である児童虐待を防止するために力を合わせることになるのです。このとき，個人情報を保護するために，参加者の間に，守秘義務に関する共通の倫理意識を徹底させ，それを1つのルールとして取り決めておくことによって，信頼されるチームを形成できるように思われます。

(5) 保育園には情報公開制度が必要なのか
事案の概要

私は公立保育園の園長を務めています。先日，保護者の皆さんにアンケートをお願いしたところ，ある保護者からアンケートの集計結果について，情報を開示して欲しいという要望がありました。アンケートの項目は，およそ保護者の年齢区分，職業，所得，家族構成，子どもの起床・就寝時間，食事時間などです。園側として今回の情報，つまりアンケート結果を開示すべきでしょうか。あるべき対応のポイントを教えてください。

①法律の適用

情報公開法が，1999年に制定されてから，地方自治体の行政機関が所持している情報の公開が実施されるようになり，今日に至っています。かかる一般的傾向（宇賀，1998）の中にあって，教育および保育に関する情報公開は，きわめてゆっくりとしたペースで進んできました。とはいえ，教育および保育に関

する情報公開も，限られた自治体においてではあるにしても，徐々に実施されるようになっています。

　現代国家において行政の果たす役割は極めて広範であり，日常生活の隅々にまで行政作用が及んでいることは事実です。それはまた現代国家が「官僚国家」とよばれる理由でもあるのです。行政は，国民および地域住民（以下「国民・住民」という）に対し，公平・平等の取り扱いやサービスを基本的な使命としています。しかもこの使命を達成するために，行政機関は膨大な情報を収集・整理・保管しているのです。

　他方，国民・住民側からすれば，このような行政機関の所有する情報を知る必要に迫られることがあります。具体的に例を挙げれば，第一に，行政機関が国民・住民側の信託に応えているかどうかが疑問になり，それを確認する手段として情報が必要になります。第二に，国民・住民側が自らの利害関係に疑問を感じ，それを確認する手段として情報が必要になります。教育および保育に関する情報も例外ではありません。

　いずれの場合も，国民・住民側は，一定の情報を得ることなしに，行政機関が国民・住民側の信託に応えているかどうか，または自分自身が不当な取り扱いを受けたり，不利益を強いられたりしていないかどうかを的確に判断することができません。国民・住民側が関連する情報を速やかに知りうるようにしておくことが，つまり情報公開制度を確立しておくことが，国民・住民側が行政機関を監視すると同時に，自分自身の取り扱いの適・不適を監視し，とるべき行動をするために不可欠だったのです。法的に言い換えれば，「憲法上，公的な情報を得ようとする情報収集活動が公権力によって妨げられない権利」としての知る権利を情報公開制度が保障しているのです。

　そこで，本事案の相談者も，以上のような時代の趨勢を察知し，アンケート結果を開示すべきなのではないでしょうか。そのうえで，子どもの最善の利益を実現するために，保育園は保護者や地域社会に理解と協力を求めるべきであると筆者は考えています。

②判例の動向

　教育および保育に関する情報（以下「教育・保育情報」という）の公開の動

きは，情報公開が一般的に進展する中にあって，当初はあまり進展する様相を呈していませんでしたが，最近になってやっとその歩を進めつつあります。そして，これまでに情報公開されてきた教育・保育情報は，指導要録，教員採用試験・保育士試験の結果などさまざまです。

最高裁2002年10月11日判決　高知県内に事務所を有する権利能力なき社団（以下「社団」という）が，高知県情報公開条例に基づき，高知県公立学校教員採用候補者選考審査について，1995年度の教職教養筆記審査の択一問題および解答が記載された文書の開示を請求した。ところが，実施機関である県側が当該請求の非開示決定をしたため，社団は決定の取消しを求めることになった。裁判所は，当該請求のあった文書が開示されても，教員採用選考の公正または円滑な執行に著しい支障をきたすとは言えず，したがって同文書の非公開事由に該当しないとして，社団の請求を認容すべきとした原判決を支持し，県側の上告を棄却した。

最高裁2003年11月11日判決　ある卒業生が，中学校在学中，区側に対して，東京都大田区公文書開示条例に基づき，小学校在籍当時の卒業生に関する小学校児童指導要録の開示を請求した。区側は，同要録に記載されている情報は，当該条例10条2号の個人に開示しないことが正当と認められる自己情報に該当するとして，非開示決定をした。そこで卒業生は区側の決定の取り消しを求めた。裁判所は，同要録の裏面に記載された情報の中で数字ないし記号で示される児童の学習到達段階に関する評価および実施した知能検査の結果などに関する情報は，これを開示しても継続的かつ適切な指導，教育を困難にする恐れが生じるとは言い難いという理由から，裏面に記載された自己情報のすべてが非開示情報に該当するとした原審の判断には違法があるとした。

東京高裁2004年1月21日判決　東京都保育士試験の受験者が自己の解答用紙と問題ごとの採点結果の開示を請求した。都側が一部非開示（記述式問題の得点および採点者記入部分のみ非開示）の決定をした。そこで，受験者が当該決定の取消しを求めることになった。裁判所は，解答用紙および問題ごとの配点と得点の開示について，保育士試験の実施に関する東京都の事務の適正な執行に支障をきたす恐れがあるため，東京都個人情報保護条例16条2号の非開示事由に該当し，また都側の受験者に対する一部開示に関する裁量権の行使に

不相当な点はないとして，受験者の請求を認容した原判決を取り消し，受験者の請求を棄却した。

③現場の課題

そもそも情報公開制度は国民主権の理念の産物でした。つまり，行政文書の開示を請求する権利（以下「開示請求権」という）を保障することにより，「国民の的確な理解と批判の下にある公正で民主的な行政の推進に資すること」（情報公開法1条）が実現されたのです。しかも，開示請求権については，「何人も，この法律の定めるところにより，行政機関の長（中略）に対し，当該行政機関の保有する行政文書の開示を請求することができる」（情報公開法3条）とあるため，日本国籍を有する者のみならず，外国人も開示請求権を有することになります。法人や法人格を有しない社団なども開示請求権を有しますし，外国に在住する外国人が郵送などにより，この開示請求権を行使できます。

筆者には忘れられない夏があります。それは数年前の思い出です。8月下旬に数日にわたり有給休暇を取得し，育児休業中だった妻と一緒に生後7か月の子どもたちを連れて保育園の見学をしたのです。もちろん筆者の在住する自治体の保育園ガイドを握りしめてのことでした。それまでの筆者の保育園に関する知識と言えば，せいぜい児福法に定められている程度のものでした。そこで，このときは，文科省の『家庭教育手帳：乳幼児編（東京都版）』と財団法人母子衛生研究会の『母子健康手帳の副読本』を入手し熟読してから園長や保育者のお話を伺いました。どちらも無料で入手できる資料でしたが，後者の「よい保育施設の選び方10か条」は大いに参考になりました。わが家の子どもたちは現在，揃って同じ公立保育園のお世話になっていますが，園側から定期的に発信される情報はどれも有意義であり，保護者として情報公開の時代の恩恵を受けています。

本事案の相談者も今後ますます情報を開示することによって保護者や地域社会との密接な信頼関係を形成することができるでしょう。

トピック22　保育カウンセラーが知っておくと便利な無料相談

　ここでは，保育現場や保護者の方が利用できる無料法律相談に関する情報を紹介します。これらの無料相談は，保育カウンセラー自身の雇用問題や就労関係の相談も可能ですし，保護者から子育てや夫婦関係の相談を受けた際，紹介する機関としておすすめできます。たとえば，夫婦関係の問題としては，「離婚，慰謝料，親権，養育費，別居，浮気，認知」などの相談が可能です。また保育カウンセラー自身の労働問題としては，「セクハラ，パワハラ，解雇，労災認定，有給休暇，残業代，パート，派遣，労災保険，雇用保険」などの相談が可能です。

　以下では主に東京都の例として各種相談窓口を記載しました。ぜひHPでそれぞれのサービスを確認してみてください。また一度はこれらの機関に足を運んでみるとことで，どのように相談窓口を活用できるかを実感することができると思います。

法テラス（日本司法支援センター）：http://www.houterasu.or.jp/
　法テラスとは，平成16年に設立されたもので，弁護士やその他の隣接訪問専門職のサービスを受けられる総合的な相談機関です。「身近な法的支援」を目標に設立されており，民事，刑事などを問わず幅広い相談が可能です。無料相談や収入に応じた相談が可能で，利用価値は高いです。

東京司法書士会　無料法律相談会：http://www.tokyokai.or.jp/soudan/consult.html
　面談方式・メール方式などで無料法律相談を行っています。

東京都行政書士会無料相談：http://www.tokyo-gyosei.or.jp/conference/index.html
　市民相談センターとして，国民の暮らしにかかわるさまざまな相談が可能です。

東京都ウィメンズプラザ：http://www.tokyo-womens-plaza.metro.tokyo.jp///
　悩み相談（DV被害，夫婦・親子関係，学校や職場での人間関係など），法律相談（DV，離婚，親子・扶養，財産相続，精神科医師による相談，男性のための悩み相談）などが可能です。

東京弁護士会子どもの人権救済センター：http://www.toben.or.jp/consultation/center/jinken_cen.html
　子ども自身が相談をすることも可能ですし，子どもに関するあらゆる問題に対して，保護者が相談することも可能です。

女性と仕事の未来館：http://www.miraikan.go.jp/soudan/009.html
　キャリアカウンセリングを無料で受けることができます。また各種法律相談や悩み相談も可能です。

東京都労働相談情報センター：http://www.hataraku.metro.tokyo.jp/sodan/rodosodan/index.html
　労働に関わる各種セミナーや相談事業があります。

（藤後淳一）

4．善き法律家は悪しき隣人なのか

「善き法律家は悪しき隣人」（A good lawyer is a bad neighbour.）これはイギリスの有名な法格言なのですが，果たして本当にそうなのでしょうか。法律家（ここでは法学者を含む）が議論好きで，理屈をこね，しかも何かにつけ異議を申し立てるため，そんな誤解（穂積，1980）が生じたのではないでしょうか。確かに筆者の拙い経験から，そんな変わり者がいることも否定できません。かくいう筆者も，会社員をしている常識人の妻から変人扱いされるときがあります。ただ，筆者はどんな格言も鵜呑みにしてはいけないと思います。

筆者は本書の編著者から本章で取り扱った内容について論述するように指示を受けました。それは大変有り難い指示でしたが，筆者が常に法的観点からのみ保育を考えていることを意味するものではありません。筆者の焦眉の関心は，我が家の子どもたちの起床・朝食・着替え・登園までをいかにスムーズにこなせるかであり，毎週金曜日の降園後，子どもたちを入浴させ，残り湯を使って上履き2足，園庭用外履き2足を洗い，そして自分自身の勉強時間を如何にして沢山作るかにあるのです。つまり，筆者は決していつも法的観点からのみ保育を考えているわけではないのです。そうは言っても，この世界で生きていくためには筆者も仕事をしなければなりません。ただ法的に保育を論じることは，筆者の仕事の1つであり，今後ますますその必要性は増大するように思われます。

筆者には，大学院生時代からの恩師がいます。それは，我が国を代表する比較法学者の大木雅夫[18]です。実は，大木は法学者であると同時に，教育者でもあります。筆者は子育ての基本を大木から教わりました。筆者が単身赴任を終え，現在の勤務校に移ることを大木に報告したとき，「奥さんと子どもたちの待つ東京に気を付けて帰ってきなさい。そしてしっかり君の子どもたちを育てなさい」と励まされました。ところで，大木は自著の中で「おだてろ，育てろ」（大木，1992）という母堂の口癖を認めています。現在の筆者は毎朝この教育論を実践している親の1人です。大木はまた母堂を慕い，こうも言っています。「子は親の約半分だとも思う」と。これも五十路を前にした筆者が実感し，両親

に感謝するところです。大木のように，高名な法学者でさえ，議論や理屈を超えて，親子の絆を思い，語っているのです。

最初に法があって，それに準じる形で保育が行われたのではありません。人類の誕生と共に，保育という行為は始まっていたはずです。先人はかかる保育を受けて，それに相応しい立法を行っただけなのです[19]。そのように考えるならば，法律家という隣人も大切な友人の1人になるのではないでしょうか。

本章で使用した略称一覧

育介法　育児休業，介護休業等育児又は家族介護を行う労働者の福祉に関する法律
ガイドライン　医療・介護関係事業者における個人情報の適切な取扱いのためのガイドライン
学教法　学校教育法
学教法施行令　学校教育法施行令
学保法　学校保健安全法
教基法　教育基本法
高裁　高等裁判所
厚労省　厚生労働省
国賠法　国家賠償法
個人情報保護法　個人情報の保護に関する法律
最高裁　最高裁判所
サラマンカ声明　特別なニーズ教育の原則，政策，実践に関するサラマンカ声明
児童虐待防止法　児童虐待の防止等に関する法律
児福法　児童福祉法
情報公開法　行政機関の保有する情報の公開に関する法律
短時間労働者法　短時間労働者の雇用管理の改善等に関する法律
男女雇用機会均等法　雇用の分野における男女の均等な機会及び待遇の確保等に関する法律
地裁　地方裁判所
母保法　母子保健法
文科省　文部科学省
労基署　労働基準監督署
労基法　労働基準法
労組法　労働組合法

　＊　なお，条文は，2009年3月現在のものである。

注

（1）日本語には「法」と「法律」という言葉があり，私たちはほぼ同じ意味で使っています。本章では筆者もそうした使用法に従いますが，わざわざ前者をドイツ語のRecht（「正しいもの」を意味する）に当たる日本語として，後者を同じくGesetz（「制定されたもの」を意味する）に当たるものとして使い分ける法学者（星野，1998）もいます。

（2）「生活世界」（Lebenswelt）という言葉は，特に哲学における現象学派のフッサール（Husserl, E.）やシュッツ（Schütz, A.）によって，特別な意味を付与され，解明されています。社会科学としての法学の学際性を追究する筆者もフッサール（Husserl, 1954）とシュッツ（Schütz & Luckmann, 1975）の驥尾に付しています。

（3）刑罰が必要とされる法状況もさまざまです。我が国の法体系の中では，刑法がその具体例を明示しています。つまり，刑法が，第一に犯罪と刑罰を規定する法典であり，第二に適用対象者が成人に限られるという特徴を有するからです。したがって，「20歳に満たない者」（少年法2条）が「罪を犯した」場合，「14歳に満たないで刑罰行為に触れる行為をした場合」，そして少年法3条1項3号に掲げる事由があって当該少年の「性格又は環境に照して，将来，罪を犯し，又は刑罰法令に触れる行為をする虞のある」（少年法3条）場合には，刑法ではなく，少年法が適用されます。これは，我が国の法体系が成人には厳格な対応を予定しているのに対して，少年には「健全な育成」を期待する目的から，「性格の矯正および環境の調整」（少年法1条）に関する処分を行おうとしていることの証左です。

（4）周知の如く，幼稚園教育要領（文部科学省，2008）も保育所保育指針（厚生労働省，2008）も告示であることに相違ありません。したがって，それは法的拘束力を有すると説かれています。しかし，現場での委細は従事者に委ねられているのです。

（5）憲法学者の長谷川正安（長谷川，1966）によれば，我が国において，判例の研究は最初から活況を呈していたわけではなかったようです。つまり，個々の裁判や判決があっても，それらが何らかの意味で，系統的に，相互に関連して把握されることはなかったのです。たとえば，「裁判官の裁判したる言渡を以て将来に例行する一般の定規とすることを得ず」（太政官布告103号4条）は，明らかに判例の否定であり，判例拘束の禁止を意味します。ところが，この布告と同時期（1875年）に今日の判例研究の出発点ともなりうる『大審院判決録』の刊行も開始されていたのです。

（6）ここでは，とりあえず，3人の研究者の業績（伊藤，1983；下村，2000；若井，1995）を挙げておくことにしましょう。

（7）成文法主義（伊藤，2005）とは，成文法を最も有効な法源と見なす立場であり，不文法にはその補充的役割を当てることになります。

（8）労働法（労基法，労組法，男女雇用機会均等法，育介法などの総称）では，このように労働者個人と使用者との間で結ばれる労働条件に関する契約のことを「労働契約」とよんでいます。また，もし労働組合のある組織であれば，労働組合と使用者との間で交わされる協定としての「労働協約」もあります。その他，使用者が職場の労働条件について定めた「就業規則」をめぐって，労働者の代表者（労働者の過半数で組織する労働組合があれば，その労働組合の代表者，過半数の労働組合がなければ，労働者の過半数代表者）と使用者との間で交わされる協定としての「労使協定」があります。

（9）現在では，市町村の教育委員会が，心身の故障の状態などに照らして，小・中学校において適切な教育を受けることができる特別な事情があると思料する場合には，「認定就学者」（学教法施行令6条の3）として，小・中学校に就学させることができるようになりました。

（10）児福法24条1項ただし書には，「ただし，付近に保育所がない等やむを得ない事由があるときは，その他の適切な保護をしなければならない」と規定されている。

（11）学保法の就学指導とは異なり，児福法19条は，「必要な療育の指導」（以下「療育指導」という）

を保障しています。療育指導の目的は，身体の機能に障害のある児童もしくは機能障害を招来する恐れのある児童を早期に発見し，早期に適切な治療上の指導をして，その障害の治癒もしくは軽減を図ることにあります。筆者は，これらの指導体制，具体的には，就学指導・療育指導・保育現場などが相互に協力し合うことによって，保護者の気持ちを配慮することが可能な，新たな指導体制を構築することができるのではないかと考えています。

(12) 私見ながら，校種や学年などによっても，担任の監督義務の範囲に差異が生じます。本事案のように，保育園や幼稚園の場合には，小学校や中学校に対する場合よりも広い日常生活全般についての高度な安全保持義務が求められるのは，当然のことのように思われます。言い換えれば，担当する幼児の一人ひとりの性格，言動，態度などについて，日頃からきめ細かく配慮，記録し，幼児たちに具体的で適切な指導を与え，また保護者とも密に連絡を取り合うべきものと解されます。担任を含む保育園側があまりにも幼児の日常の様子を知らなかったり，軽視したりしているのではいけません。そのためにも保育者は多忙な中で保護者会を開き，保護者との間で日々連絡帳を取り交わしているのです。

(13) 民法709条　故意又は過失によって他人の権利又は法律上保護される利益を侵害した者は，これによって生じた損害を賠償する責任を負う。

民法712条　未成年者は，他人に損害を加えた場合において，自己の行為の責任を弁識するに足りる知能を備えていなかったときは，その行為について賠償の責任を負わない。

民法714条　前二条の規定により責任無能力者がその責任を負わない場合において，その責任無能力者を監督する法定の義務を負う者は，その責任無能力者が第三者に加えた損害を賠償する責任を負う。ただし，監督義務者がその義務を怠らなかったとき，又はその義務を怠らなくても損害が生ずべきであったときは，この限りでない。

② 監督義務者に代わって責任無能力者を監督する者も，前項の責任を負う。

民法820条　親権を行う者は，子の監護及び教育をする権利を有し，義務を負う。

(14) 国賠法1条　国又は公共団体の公権力の行使に当る公務員が，その職務を行うについて，故意又は過失によつて違法に他人に損害を加えたときは，国又は公共団体が，これを賠償する責に任ずる。

② 前項の場合において，公務員に故意又は重大な過失があつたときは，国又は公共団体は，その公務員に対して求償権を有する。

民法715条　ある事業のために他人を使用する者は，被用者がその事業の執行について第三者に加えた損害を賠償する責任を負う。ただし，使用者が被用者の選任及びその事業の監督について相当の注意をしたとき，又は相当の注意をしても損害が生ずべきであったときは，この限りでない。

② 使用者に代わって事業を監督する者も，前項の責任を負う。

③ 前二項の規定は，使用者又は監督者から被用者に対する求償権の行使を妨げない。

(15) 東京都の公立保育園では，園児の保育について，負傷などのないよう十分な注意が払われていますが，万一園児が負傷した場合には，次の制度に従った対応が用意されています。つまり，園児が保育中および通園中に負傷などした場合には，独立行政法人日本スポーツ振興センターの災害救済給付（医療費等の自己負担分および見舞金相当分）を利用することができます。

(16) これは，児童生徒の問題行動等に関する調査研究協力者会議（文部科学省）の報告書（1996年）です。特に重要なのは，「いじめ問題に関する基本的認識」です。それによれば，次の5項目が指摘されています。

① 「弱い者をいじめることは人間として絶対に許されない」との強い認識に立つこと。

② いじめられている子どもの立場に立った親身の指導を行うこと。

③ いじめは家庭教育の在り方に大きな関わりを有していること。

④ いじめの問題は，教師の児童生徒観や指導の在り方が問われる問題であること。

⑤ 家庭，学校，地域社会など全ての関係者がそれぞれの役割を果たし，一体となって真剣に取り組むことが必要であること。
　この報告書では，かつて一部に見られた，「いじめられる子どもにもそれなりの理由や原因がある」という考え方が一掃されています。つまり，事実関係の究明について，学校はいじめを受けている子どもの心理的圧迫感をしっかり受けとめるとともに，当事者だけではなく，友人関係などからの情報収集などを通じ，事実関係の把握を迅速かつ正確に行わなければならないのです。かかる情報の入手方法などについて，他の子どもに安易に漏らすことのないよう十分な配慮をしなければなりません。なお，この報告書は，「いじめ問題の解決に向けた具体的な取組」として，家庭・地域社会，学校，教育委員会，国，以上の各レベルでの対応策を具体的に明示しています。
(17) 個人情報の保護には，保育現場の従事者としての守秘義務の視点（仲村，1999；Biestek, 1957）があることも忘れられない。
(18) 私見ながら，学術論文で敬称は不要であると思います。したがって，本章においても敬称を省略しますが，敬意を表していることに相違ありません。
(19) 法哲学者の井上茂は，教育基本法の原理的考察に際して，「教育基本法から教育が始まるのではもとよりなく，人類積年の教育の事実を，基本法が受けとめているのである。教育の考察にあたって，基本法がこう定めているということから出発するのではなく，教育の事実の観察と教育行為の体験とから基本法を見直すことが，教育を対象とする方法にかなった順序であろう」（井上，1986）と述べています。法のはりめぐらされていない領域を考察しようとする者は，その程度は異なるものの，井上の視座に頼らざるをえません。

引用文献

朝日新聞（2008）．「『完璧な母に』空回り」12月5日朝刊
朝日新聞（2009）．「全県立高生の情報流出（神奈川）：口座など11万人分」1月9日朝刊
Dworkin, R.（1986）．*Law's empire*. Harvard University Press.（小林　公（訳）（1995）．法の帝国　未来社）
Biestek, F.P.（1957）．*The casework relationship*. Loyola University Press.（尾崎　新他（訳）（1996）．ケースワークの原則：援助関係を形成する技法（新訳版）　誠信書房）
Hammeken, P.A.（2007）．*Inclusion, 450 strategies for success*. Corwin Press.（重冨真一他（訳）（2008）．インクルージョン：普通学級の特別支援教育マニュアル　同成社）
長谷川正安（1966）．憲法判例の体系　勁草書房
星野英一（1998）．民法のすすめ　岩波書店
穂積陳重（1980）．法窓夜話　岩波書店
Husserl, E.（1954）．*Die Krisis der europäishen Wissenschaften und die transzendentale Phänomenologie*.（*Husserliana Bd. VI*）Martinus Nijhoff.（細谷恒夫他（訳）（1995）．ヨーロッパ諸学の危機と超越論的現象学　中央公論社）
井上　茂（1967）．法規範の分析　有斐閣
井上　茂（1986）．「教育の基本と法の規準」　法哲学研究 第4巻　有斐閣
伊藤正己他（2005）．現代法学入門（第4版）　有斐閣
伊藤　進（1983）．学校事故の法律問題：その事例をめぐって　三省堂
清田冨士夫（2008）．Q&Aパートタイム労働者の雇用と実務（平成20年施行）　ぎょうせい
厚生労働省（2008）．保育所保育指針（平成20年告示）　フレーベル館
Kübler-Ross, E.（1969）．*On death and dying*. Macmillan Publishers.（鈴木　晶（訳）（2001）．死ぬ瞬間：死とその過程について　中央公論新社）
Mackinnon, C.A.（1979）．*Sexual harassment of working women*. Yale University Press.（村山敦彦他（訳）

(1999). セクシャル・ハラスメント・オブ・ワーキング・ウィメン　こうち書房）
Makkreel, R.A.（1975）. *Dilthey - Philosopher of human studies*. Princeton University Press.（大野篤一郎
　　他（訳）(1993). ディルタイ：精神科学の哲学者　法政大学出版局）
文部科学省（2008）. 幼稚園教育要領解説（平成20年10月）　フレーベル館
仲村優一（1999）. ソーシャルワーク倫理ハンドブック　中央法規出版株式会社
大木雅夫（1992）. 異文化の法律家　有信堂高文社
奥山眞紀子他（2008）. 子ども虐待防止マニュアル（新版）　ひとなる書房
四國新聞（2009）. 追跡シリーズ 議論呼ぶ保育制度改革　2月22日朝刊
下村哲夫（2000）. 教師のための法律相談12か月　学陽書房
下村哲夫（2006）. 事例解説 事典 学校の危機管理（第2版）　教育出版株式会社
Schütz, A. & Luckmann, T.（1975）. Strukturen der Lebenswelt, Hermann Luchterhand Verlag.
宇賀克也（1998）. 情報公開法の理論　有斐閣
若井彌一（1995）. 教育法規の理論と実践　樹村房

人名索引

あ

Axline, V.　14
阿部和子　128, 130, 131
天野　清　106
伊藤　進　188
伊藤正己　188
井上　茂　157, 190
岩壁　茂　12, 14
宇賀克也　181
大木雅夫　186
岡堂哲雄　5
岡村達也　5
奥山眞紀子　166

か

柏木恵子　50, 53
金沢吉展　7, 22
Kalff, D.　125
Kübler-Ross, E.　172
清田冨士夫　163
Klein, M.　14
小枝達也　113
國分康孝　5, 20, 22

さ

佐々木圭子　26
佐治守夫　5
佐藤浩一　135
重田博正　146
下村哲夫　173, 188
下山晴彦　5, 9, 139
Schütz, A.　188
菅井正彦　60
鈴木伸一　151

鈴木敏子　130

た

武田　健　5, 17, 20
鑪幹八郎　7, 20
田畑　治　5
玉瀬耕治　5, 9
丹野義彦　5, 9
Dilthey, W.　172
Dworkin, R.　155
藤後悦子　26, 36, 37

な

仲村優一　190
名島潤慈　7, 20
信田さよ子　5, 9, 16

は

Berne, E.　139
長谷川正安　188
Hammeken, P. A.　172
Hunt, J. MacV.　110
Biestek, F. P.　190
平木典子　5, 8, 9, 12
Husserl, E.　188
Freud, A.　14
Freud, S.　9, 14
Bowlby, J.　47, 94, 131
保坂　亨　5
星野英一　188
穂積陳重　186
Portmann, A.　93
本郷一夫　28

ま

Makkreel, R. A.　172
MacKinnon, C. A.　163, 164
松永しのぶ　134
水島恵一　5

や

柳瀬洋美　60
Jung, C. G.　126

ら

Luckmann, T.　188
Luria, A. R.　106
Lewin, K.　62
Lowenfeld, M.　125
Rogers, C. R.　10, 14

わ

若井彌一　188
若松素子　53

事項索引

あ

愛着　94
　——障害　30
　——理論　47
アイデンティティ　135
アセスメント　28, 29
後追い　94
生きることへの肯定感　63
育児休業制度　160
育児不安　43
意識　9
いじめ　173
依存症　83
1.57ショック　57
イド　9
イネーブラー（enabler）　84
インテーク　20
うつ状態　78
うつ病　77
映像メディアの長時間視聴　61
エゴグラム　139
円環的因果律　11
援助者自身の価値観や幸福感　73
エンゼルプラン　57
延滞模倣　95
エントレインメント（entrainment）　93
親子心中　79

か

外言　105
介護休業制度　161
解離症状　81
カウンセラーの自己一致　13
カウンセリング心理学　6

カウンセリングマインド　24
家族システム論的アプローチ　9, 11
看護休暇制度　161
慣用操作　95
危機介入（crisis intervention）　115
基本的な信頼感　63
虐待　44
　——の世代間連鎖　119
逆転移　16
教育家族　50
共依存　85
境界性パーソナリティ障害（BPD）　82
共感性　8, 13
共感的理解　13
協働　6
強迫神経症　81
共鳴動作　93
近代家族観　46
クライエント中心療法的アプローチ
　9, 10
ケース検討会　87
健康診断　168
言語聴覚士　25
現実体験の希薄化　60
現代社会の変容　60
合計特殊出生率　57
構造化　7
行動観察　28, 30
行動論的アプローチ　10
交流分析　139
個人情報　178
子ども観　134
コンサルテーション　31

さ

作業同盟　14
三歳児神話　46
支援マップ　59
自我　9
自我状態　140
子宮外の胎児期　93
自己肯定感　68
自己理解　149
自殺　79
自責感　79
次世代育成支援対策推進法　57
しつけ　103
自伝的記憶　135
児童虐待　116, 165
　　——の防止等に関する法律（児童虐待防止法）　58, 120
社会的参照　95
守秘義務　7
樹木画　33
純粋性　7, 13
少子化社会対策要綱（子ども・子育て応援プラン）　58
少子化対策基本法　57
象徴機能　95
情緒的サポート　148
情報化社会　61
情報公開制度　182
食育の重要性　64
新エンゼルプラン　57
神経症　81
心的外傷後ストレス障害（PTSD）　123
人物画　33
心理検査　28, 30
心理専門職　5
心理療法　5
スーパービジョン　138
スクールカウンセラー　27
スクリーニング　150
ストレス反応　147
ストレッサー　147
Speech　91
生活環境　62
生活空間　62, 65
生活スタイル　60, 63, 65
生活世界　155
生活リズム　63, 64
精神分析　9
精神分析的アプローチ　9
生理的早産　93
セクハラ　163
躁病　79
ソーシャルサポート　148

た

第一質問期　101
第一反抗期　102
退行　125
第二質問期　101
他者への問い合わせ　95
短時間労働者　159
知育偏重　60
超自我　9
長時間視聴の問題性　62
直線的因果律　11
低値安定　88
デブリーフィング（debriefing）　123
転移　10
投影法　139
道具的サポート　148
統合失調症　80
頭足人画　33

な

内言　106
二次受傷　123
ネグレクト（neglect）　118

は

パーソナリティ障害　82

箱庭療法　125
発達加速現象　66
発達検査　30
パニック障害　81
パワーハラスメント　145
反復喃語　94
非言語的行動　17, 18
人見知り　94
描画の発達　32
保育実習　134
保育者　135
防衛機制　10
ホスピタリズム（hospitalism）　94
母性神話　46
母性剥奪（maternal deprivation）　94

ま
見捨てられる　83

見立て　16, 20
無意識　9
無条件の肯定的配慮　10
メンタルヘルス　143

や
遊戯療法（play therapy）　14, 30

ら
ラポール（rapport）　12-14, 20
Language　91
臨床心理学　5
　——的アセスメント　139
臨床心理士　25
臨床発達心理士　25

わ
枠組み　7

[執筆者一覧]（五十音順，*は編者）

伊藤恵子（いとう・けいこ）
十文字学園女子大学人間生活学部教授
担当：第5章，トピック16

大場満郎（おおば・みつろう）
冒険学校校長・冒険家
担当：トピック13

岡本 大（おかもと・だい）
杉の実保育園保育士
担当：トピック17

小田桐忍（おだぎり・しのぶ）
聖徳大学児童学部教授
担当：第9章

春日武彦（かすが・たけひこ）
成仁病院・顧問
担当：第4章

竹内貞一（たけうち・ていいち）
東京未来大学こども心理学部教授
担当：第6章，トピック1・18

田中マユミ（たなか・まゆみ）
昭和女子大学名誉教授
担当：トピック7・14

坪井寿子（つぼい・ひさこ）
東京未来大学こども心理学部准教授
担当：トピック5・6・19

藤後悦子（とうご・えつこ）*
東京未来大学こども心理学部准教授
担当：序章，第1章第2節，第2章，第7章
　　　第1節，第8章，トピック2・3・
　　　4・11・15・20・21

藤後淳一（とうご・じゅんいち）
あかね雲行政書士事務所
担当：トピック22

府川昭世（ふかわ・てるよ）
東京未来大学名誉教授
担当：トピック8・10

箕口雅博（みぐち・まさひろ）
元立教大学現代心理学部教授
担当：第1章第1節

柳瀬洋美（やなせ・ひろみ）
東京家政学院大学現代生活学部准教授
担当：第3章，トピック9・12

山極和佳（やまぎわ・わか）
東京未来大学
　モチベーション行動科学部准教授
担当：第7章第2節

保育カウンセリング
ここからはじまる保育カウンセラーへの道

2010年5月20日　　初版第1刷発行	定価はカヴァーに
2017年9月20日　　初版第4刷発行	表示してあります

編著者　藤後悦子
発行者　中西健夫
発行所　株式会社ナカニシヤ出版
〒606-8161　京都市左京区一乗寺木ノ本町15番地
Telephone　075-723-0111
Facsimile　075-723-0096
Website　http://www.nakanishiya.co.jp/
Email　iihon-ippai@nakanishiya.co.jp
郵便振替　01030-0-13128

装幀＝白沢　正／印刷＝㈱吉川印刷工業所／製本＝兼文堂
Printed in Japan.
Copyright © 2010 by E. Togo
ISBN978-4-7795-0414-3

◎本書のコピー，スキャン，デジタル化等の無断複製は著作権法上での例外を除き禁じられています。本書を代行業者等の第三者に依頼してスキャンやデジタル化することは，たとえ個人や家庭内での利用であっても著作権法上認められておりません。